笨妈教育·东叔心理学系列

突破卡点

做更好的自己
从情感提升到财富自由

台啸天　舒东　著

上海财经大学出版社
SHANGHAI UNIVERSITY OF FINANCE & ECONOMICS PRESS

图书在版编目(CIP)数据

突破卡点:做更好的自己,从情感提升到财富自由/台啸天,舒东著. - 上海:上海财经大学出版社,2024.8
(笨妈教育·东叔心理学系列)
ISBN 978-7-5642-4357-9/F·4357

Ⅰ.①突⋯　Ⅱ.①台⋯②舒⋯　Ⅲ.①心理交往-通俗读物　Ⅳ.①C912.11-49

中国国家版本馆 CIP 数据核字(2024)第 073586 号

□ 责任编辑　邱　仿
□ 封面设计　米　克
□ 版式设计　贺加贝

突破卡点
——做更好的自己,从情感提升到财富自由

台啸天　舒　东　著

上海财经大学出版社出版发行
(上海市中山北一路 369 号　邮编 200083)
网　　址:http://www.sufep.com
电子邮箱:webmaster @ sufep.com
全国新华书店经销
上海华业装璜印刷厂有限公司印刷装订
2024 年 8 月第 1 版　2024 年 8 月第 1 次印刷

710mm×1000mm　1/16　12.25 印张(插页:2)　180 千字
定价:68.00 元

你可以成为更好的自己

（代序）

一

  这是一本关于个人成长和自我信念提升的心理学知识及其实际应用的书。准确地说，它是知名心理咨询师舒东关于亲密关系训练的课堂实录和内容精选。

  作为心理咨询师的舒东有一个与他的年龄不太相称的"艺名"：东叔。8年前与舒东初相识的时候，我有些奇怪这个"艺名"。我问他："你才三十多岁，年纪轻轻的，为什么自称东叔呢？"

  舒东笑着说："东叔这个名字是我的太太小豆起的。我在美国留学的时候，按照西方人的习惯，将名放在姓的前面，舒东反过来就是东舒，所以小豆就用谐音给我起了东叔这个名字——我很喜欢这个名字。"

  舒东有一个名为"东叔只有3分钟"的系列心理学短视频课程，在3分钟的时间里，向大家介绍一些实用的心理学知识。用舒东的说法是，"给你带来看得见、用得着、学得会的纯干货的心理学知识"。

  我和舒东结缘便是因为"东叔只有3分钟"。为了更好地向我介绍这个短视频课程的内容，舒东邀请我去了他位于上海市黄浦区的家中。他在客厅里用投屏给我讲他的课程和研究心得，他的太太小豆给我准备了精美的日式点心——小豆在日本学习生活过，会讲流利的日语，日式点心也做得很拿手。

  相熟之后，舒东和小豆有时会邀请我到他们的工作室参加一些活动，我也因此跟着有一搭没一搭地学习了一些心理学的基础知识。有一段时间舒东建议我去考一个心理咨询师证书——他正好是这个证书的培训导师之一。

在我的职业规划里并没有做心理咨询师这一项,尽管在日常生活中我经常会帮助身边的朋友进行情绪疏导,也有很多读者朋友表示我的文字是温暖、生动并且能够给人以力量的;尽管舒东也从专业的角度对我进行过分析,认为我思维的敏捷性及分析、表达能力很适合做心理咨询工作,可我还是止步于此。对我来说,做一份与财经有关的工作,同时进行女性问题、婚恋情感问题及亲子教育问题的研究和创作,更符合我的内心。

但这并不影响我偶尔去听舒东的讲课,或者和他一起一边喝咖啡一边聊一些与心理学研究有关的知识,特别是听他分享自己的最新研究心得。从我的角度看,他的研究引领我进入一个新奇的世界,这个世界不仅给我带来跨领域的新鲜感,还在一定程度上弥补了我在自己所研究的领域中表现出的感性有余、理性不足的问题。

有些朋友是亦师亦友的,对我来说,舒东就是这样的朋友。

2023年春天,舒东对我说,他正在做一个亲密关系训练的项目,将心理学知识融入实际生活,帮助大家找到生活和工作中的一些情绪卡点,通过自我信念的提升,实现卡点的突破,并伴随良性亲密关系的建立,最终成为更好的自己,获得更好的生活。舒东说他想将其中一期完整的训练课程整理成一本书,用书籍来记录和呈现这些内容,以便让更多的人看见并且学会这些知识,改变自己,改变生活。

我帮舒东初步规划了书的内容和架构,包括哪些内容可以在书中呈现,哪些内容不适合放在书中。

时间到了2023年初夏。有一天,舒东对我说:"我和小豆发现没有人比你更熟悉我的课程体系。同时,我也特别喜欢你的文字,它像泉水一样清澈流畅,给人以温暖和力量。因此,我希望你可以跟我合作,我们一起将这本书完成——我觉得这本书是能够帮助到很多人的。"

舒东的邀请让我有点些犹豫。因为手头有很多工作要处理,一些创作计划也在进行中,我似乎找不到大段的时间来完成这本书稿的整理和写作——

我知道整理和写作这本书稿会比我平时的自由创作更费时间,因为我需要先去系统地学习这个项目的全部课程内容。

但舒东的最后一句话打动了我:"这本书是能够帮助到很多人的。"

二

2023 年夏天,我获批了一个月的假期。我在美国东部城市费城的某个大学城租了一间公寓,开始了半居家半旅行的生活。

我打算用这一个月的时间完成这部书稿的整理。

我以为相对集中的时间可以让我能够以更快的速度完成舒东交给我的任务。

事实却完全不是这样。

舒东的这个训练课程共有 10 节课,持续时间为 20 天。这是一个小班课堂,只有七名学员,教学是相对个性化的。换言之,这个课程是有针对性地挖掘这些学员当时在生活和工作中遇到的一些问题及面临的卡点,用心理学的知识和手段帮助他们找到自己身上存在的问题和需要提升的地方,一对一地解决问题。在这个过程中,他们既需要系统学习相关的心理学知识,又需要掌握具体的解决问题的方法,并将这些方法灵活地运用到自己的身上,从而实现自身在情感和事业上的卡点突破,成为更好的自己,走向更好的未来。

这种个性化课堂一个最明显的特点是,课堂讨论特别多,并且在讨论的过程中,学员的对话往往会跑偏方向,说很多与课程本身无关的内容。对我的整理和写作来说,这是第一个难题。

第二个难题是,书稿资料是 10 节课的课堂录音,这些录音转成文字后,有很多地方是难以理解或者词不达意的,并且内容零乱,我需要反复研究,去粗取精,整个过程有点像大浪淘沙。

第三个难题是,这些内容中,有许多问题是只适合课堂讨论而不适合用书本的形式呈现的——离开了课堂讨论的互动氛围和前后文提示,以及学员已彼此熟知的成长经历和背景知识,一些内容单独在书中呈现会让读者摸不着头脑。

第四个难题是,我并没有亲自参加这个系列训练课程的课堂学习,很多知识只是零星地了解,没有系统地学习过。即便我只是像一个记录者一样将这些内容作为资料使用,我也需要深入、沉浸地将这10节课的内容认真地学习几遍,搞清楚其中的逻辑,同时还要掌握这些内容所需要的专业背景知识。

最初的整理和写作过程很难。我在费城的公寓窗户正对着一所大学的教学楼。许多个夜晚,我让那些纷乱的资料弄得昏昏沉沉,于是冲一杯咖啡,打开百叶窗,对着教学楼里辉煌的灯火出神。教学楼里的灯光似乎是彻夜都亮着的,我有时候会想,这些年轻的学子们夜以继日地努力着、拼搏着,他们的目标是什么?我问自己:拼搏的意义到底是什么?

直到一个阳光热烈的午后,我去了宾夕法尼亚大学校园里的一间二手书店,在那里,我似乎找到了这些问题的答案。

从我住的公寓出发,穿过三个街区,就到了云杉街(Spruce St.)3920号。这是一栋维多利亚风格的两层外加阁楼的公寓。1924年到1927年,中国第一位女建筑师、诗人、作家,民国才女林徽因在这里度过了她在宾夕法尼亚大学的求学时光。

1971年,这套公寓被改造成一家名为"我们的屋子"(House of our own)的二手书店。走过宾夕法尼亚大学医学院的办公楼,我来到"我们的屋子"。书店的工作人员,一位看上去六十多岁的白人男子戴着老花镜,弯着腰,在公寓门口的一张长条桌上仔细地整理、清洁旧书。他像专注的工匠,手持放大镜,极其认真地擦拭着翻着毛边的旧书。夏日的微风吹起他的白发,书籍上方斑驳的红墙、攀缘在窗边的绿藤和他的侧影在午后的光线中构成了一幅画,一幅仿佛来自久远年代的油画,美好、安静、睿智。我在"这幅画"旁边站了很久,仿佛沉浸到另一个暗香浮动的世界中。男子收拾好一本旧书,准备打开另一本旧书的时候,我同他打了个招呼,然后深吸一口气,将夏日的热辣滚烫扔在身后,放慢脚步,怀着既敬畏又复杂的心情,轻轻走进"我们的屋子",走进民国才女的旧居。

进门后是一条长长的走道。走道的一边是放满书的书架，另一边的墙上贴有几张打印出来的林徽因的照片，有的是她在宾夕法尼亚大学读书时拍的。照片是黑白的，没有什么装饰，随意而朴实，和满屋的书香很般配。

公寓里，密密麻麻地全都摆放着书。穿过书山，我从一楼来到二楼。木质的楼梯窄窄的，走在上面吱呀作响，即便如此，楼梯两边还是整齐地放满了书。二楼的卧室、书房和小会客厅里，甚至卧室的大衣橱里，也都是书——也许是担心读者不敢打开大衣橱，店主贴心地在柜门上贴了张纸条，提示可以打开它。

我从来没有想过一套公寓放满书的样子，那个下午我有些被惊艳到了。我在公寓里迷路了。无论是在客厅、餐厅里，还是卧室或者其他地方，包括通往阁楼的楼梯上，我遇见的都是密密麻麻的书，成捆的、成堆的旧书。

窗外的阳光和绿叶让这些书有了生机与活力。我站在二楼卧室中梳妆台的位置沉思许久，想象 20 岁的林徽因在这里借窗外的自然光阅读时的样子。

林徽因在宾夕法尼亚大学美术系学习了三年，此后她又去耶鲁大学戏剧学院学习了半年舞美设计，之后回国。宾夕法尼亚大学图书馆至今保留着她的成绩单和身穿学士服的照片。

那天晚上，我和朋友讲述我在林徽因旧居的感受时，她感叹林徽因的生命太短暂了。

我在想，在宾夕法尼亚大学学习的三年，应该是林徽因生命中幸福又美好的时光。作为建筑家和作家，她在异国他乡的旧居成为存放万卷书的地方，应该是她乐于看见的。

林徽因在宾夕法尼亚大学学习的时候，建筑系是不招收女生的，所以她只能去美术系学习，但她坚持修完了建筑系的全部课程，并且取得很好的成绩。此外，她还担任了建筑设计课的助教工作。回国以后，她更是与梁思成一起，为我国建筑业的发展和古建筑的保护工作做出了重大贡献。

2024 年 5 月 18 日，宾夕法尼亚大学在韦茨曼设计学院（Weitzman School of Design）的毕业典礼上，追授林徽因建筑学学士学位，以表达对她的纪念与认可。这个时间距离林徽因去宾夕法尼亚大学求学的日子,整整隔了一百年。宾夕法尼亚大学用一百年的时间纠正了其建筑系一百年前对于女性学习建筑专业的某种"偏见",林徽因在她短暂而闪耀的生命中,用她的勤奋、思想和才华向世界证明了她在建筑领域的学术水平和她作为建筑师做出的贡献。

那个7月的下午,宾夕法尼亚大学的二手书店和林徽因的故事似乎让我找到了关于拼搏的意义的答案。在我看来,拼搏的意义就在于让自己变得更加美好,并且因为自己的这种美好,让这个世界变得更加美好。

三

回到上海后,我几乎将所有的业余时间都用在这些课程的学习和这本书的写作、整理和打磨中了。我是一边整理一边学习的。有时候我会因为书中的一个概念而寻根究底,像连环套一样,以不断扩散的方式探寻心理学知识。舒东对我的问题做到了有问必答。有几次他对我说,你问的这些其实是心理咨询师才需要掌握的知识,你不需要掌握,书中也不需要呈现。我表示尽管书中不需要呈现,但我还是要弄明白,只有这样,我才能够将内容更好地呈现给读者。

在这个呈现的过程中,我有一份深深的感动。我感动于舒东在这个课程中展现的真实。课程中的每一次讨论都是真实的,课程中引入的每一个案例都是真实的——这些真实的案例更容易让读者由人及己,掌握方法,学以致用。

另一个让我感动的对象是参加这个课程的学员。他们是因为在工作和生活中遇到了一些问题才来参加这个课程的学习的。课程结束后,他们同意将自己在课堂内外的表现、讨论的内容,以及他们各自曾经遇到的问题和经历写进这本书中,现身说法,循序渐进、设身处地地帮助更多的人提高。

舒东的好朋友、人气美妆博主米克在百忙中非常有效率地完成了这本书的封面设计,以实际行动表达对好朋友的支持和帮助,这也是让我感动的地方。

最后，我想向舒东表达我的感谢。借着这本书的整理和撰写，我系统学习了他的亲密关系课程，掌握了许多在我看来非常有用的心理学知识。在成书过程中，我也学会了一些找准问题、突破卡点的具体方法，一步步地向着成为更好的自己这个方向发展，并带动周围的人变得更好。

书中有一个案例令我记忆最深刻，那就是小K的故事。在课程中，舒东将小K长达两年九个月的咨询内容一一展现出来，采用换位思考的方式，让学员站在心理咨询师的角度，一个阶段一个阶段地分析小K的问题并提出解决方案。大家一起帮助小K走出心结，突破卡点，一步步化解她对父亲的怨恨和对财富的恐惧，让她成为更好的自己。这种以真实场景为基础的步步深入的学习方式在我看来是有趣又有效的，同时它的代入感极强，让人身临其境。当我根据课程录音跟着学员们一起完成帮助小K的五次的咨询实操后，我感觉自己不但掌握了突破卡点的方法，还真切感受到了打开心扉、放下心结、与自己和解、与世界握手后的轻松与美好。

满架蔷薇一院香。这本书付梓之际，正值蔷薇花盛开的季节，校园周围的栅栏上开满了粉色和玫红色的蔷薇花。我对爬满栅栏的蔷薇是没有抵抗力的，初夏的阳光下，它们绽放着娇艳，既成群结队，又相对独立。微风过处，暗香浮动，明媚鲜艳，既赏心悦目，又如诗如画。

希望这本书也能够像这攀缘盛开在大学校园里的蔷薇一样，带给你美丽和美好。

突破卡点，你就是盛开的蔷薇。

是的，你可以像我一样，在这些知识的学习过程中，一步步向着更好的自己靠近。

台啸天
2024年5月于上海财经大学

目录 CONTENTS

❶ 初探卡点：我们对亲密关系的误解有多深 / 01

在亲密关系中，我们常常会遇见这样一些思维陷阱：我是不是一定要找对人才能结婚？如果婚恋失败，我遇到的下一个伴侣会不会跟现在的完全不一样？我是不是只要一直等，真爱就会来？是不是只要生活和谐就好，我们不谈恋爱也行？说真话很伤人，我不说真话会不会比较好？婚姻中，我是不是一定要顺着对方或对方家庭的意愿？

❷ 明辨卡点：怎样通过细节实现对别人的快速判断 / 025

当我们能够预判到一件事情可能有问题的时候，我们就会拥有对这件事情的选择权。为此，我们学习"绘图分析法"和"签字分析法"两个技术。

识别他人自卑的真正意义是反思自己在哪些地方需要提升——唯有变成更好的自己，我们才能够吸引来更好的追求者或更好的亲密关系相处者。换言之，我们拥有什么样的亲密关系其实取决于我们现在处于什么样的状态。

❸ 找到卡点：学会短期和长期亲密关系的建立 / 053

如果希望跟别人建立长期的亲密关系，我们就要让自己更自信。我们要从不爱自己的点突破，变成更好的自己。有时候，一点点心态的改变就可以对我们的整个人生和我们所接触的人产生波浪式的大幅度的影响。如果我们能够找到不够爱自己的点，并且努力改变它，我们的生活往往会发生翻天覆地的变化。

希望大家能够从改变心态开始，打磨一个更好的自己。

❹ 剖析卡点：记住亲密关系的三个核心要素 / 062

每个人骨子里都是善良的，怎么判断我们当下正在做的某件事情是不是善良的？行善的时候如果感觉很累，这还是善良吗？善良不是简单的付出，它讲究的是一种平衡。如果我们所爱的人也支持我们的行动，那么对我们而言，这个行动就是善良的，否则就不是真正意义上的善良。

在我们突破自我，不断提升的过程中，一定要记住信念、善良和能力这三个核心要素，它们不仅是我们追求亲密关系的三个要素，也是我们获得幸福与成功的三个要素。

❺ 突破情绪卡点：读懂潜台词，看到冲突背后的问题 / 078

我们在和与自己有亲密关系的人相处的过程中，有时候会有一些沟通上的障碍，甚至会吵架。我们必须解决这个问题，尽管解决的过程是有些疼痛的——唯有经历疼痛，伤口才会慢慢愈合。

我们要学习的解决问题的方法叫"动力自行诀"——掌握它之后,任何人跟我们吵架,我们都可以很快平复情绪,并且找到自己需要提升的点,然后有针对性地去改变,成为更好的自己。

❻ **突破信念卡点：建立"信念共享圈"，找到解决问题的密码** / 091

当我们喜欢一个人的时候,对方一定会喜欢我们吗？不一定。我们喜欢别人的时候,别人会更加喜欢他自己。

爱就像阳光一样,聚焦在哪里,哪里的热量就更多。如果希望得到别人的爱,我们一定要更爱自己,让更多的爱聚焦在自己身上——只有我们种出的苹果是甜的,别人才会接纳它。

其他的快乐都是短暂的,只有成长的快乐是持久的。如果你想要保持快乐、正向、波澜不惊的生活状态,你得不断变成更好的自己才行。为了更好地理解这一切,我们引入两个概念,一个叫"人生学校论",另一个叫"信念共享圈"。

❼ **突破平衡卡点：磨合动态平衡，明白发生冲突时是该示弱还是要强势把控** / 105

当我们面对一件事情的时候,到底有没有普适的解决方法？

现实生活中我们经常会遇到这样的情况：同样一个事件,它可能有很多种解决的方法,但我们并不知道哪种方法是对的,也不确定哪种方法是有效的。即便找到了有效的方法,随着年龄的增长或者社会阅历的增加,我们对它的有效程度或者对方法本身的认识也会不断发生变化。

生活中,我们怎样才能找准自己的核心问题?遇到同样的事件时,为什么"我"采取的方法往往和别人采取的方法不一样?为什么这种不一样的方法往往对"我"才是最有效的?

❽ 突破倦怠卡点:探寻原因,找到情感升温及关系保鲜的方法 / 119

生活中有时候会出现这类情况:我们在跟和自己有亲密关系的人——女朋友、男朋友、妻子、丈夫——相处的时候,心里会出现一些想法,比如说我累了,我不开心,你没有照顾好我,我只想独自待会,我不喜欢你这样说,我已经很努力了,我哪里不如别人,少看不起人,你一点都不在乎我的感受……

有些问题是绕不开的,如果在成长的道路上,我们有弱点或者需要突破、提升的点,我们必须面对并解决它。只有解决了它,我们才可能真正由"山重水复疑无路"的状态进入"柳暗花明又一村"的状态。

❾ 突破财富卡点:怎样走出亲密关系的创伤,化解对亲人的怨恨和对财富的恐惧 / 129

在接受心理咨询的过程中,大多数心理咨询师都会跟咨询者说童年创伤,或者说咨询者的问题中有家庭因素在里面,或者说咨询者在成长过程中有过一个伤口并且没有痊愈,等等。这种分析当然是有道理的,但是从技术层面掌握它们蛮难的。

　　为了帮大家找到如何走出亲密关系的创伤的答案，我们把小K长达两年九个月的咨询内容精选出来，大家一起做她的心理咨询师，一步一步地帮助她解决问题——我们将从小K的身上看到成长，学会如何走出亲密关系的创伤，化解对亲人的怨恨和对财富的恐惧。

⑩ 突破成长卡点：建立幸福方程式，对未来的幸福进行自我评估 / 154

　　怎样才能获得真正的幸福？幸福的三个核心要素是善良、信念和能力。通过幸福方程式，我们可以利用善良、信念和能力这三个核心要素对自己未来的幸福做自我评估，从而了解基于现状的未来的生活趋势，明白努力改变和不努力改变这两种情况对我们未来生活的影响。

　　我们自身存在的很多问题都是不难找到原因的，当我们下定决心要改变的时候，方法也是不难的。重要的是，我们需要意识到这些，并且愿意改变自己，不断提升自己。只有成为更好的自己，我们才能获得更多的幸福。

后记 / 175

致谢 / 181

01 初探卡点：我们对亲密关系的误解有多深

> 在亲密关系中，我们常常会遇见这样一些思维陷阱：我是不是一定要找对人才能结婚？如果婚恋失败，我遇到的下一个伴侣会不会跟现在的完全不一样？我是不是只要一直等，真爱就会来？是不是只要生活和谐就好，我们不谈恋爱也行？说真话很伤人，我不说真话会不会比较好？婚姻中，我是不是一定要顺着对方或对方家庭的意愿？

我是东叔。欢迎大家来到亲密关系训练营。这是一个小型训练营，我们有 7 名学员，他们是：Andy、小美、境、白龙、广、Sam 和 Rain，加上我和助教小豆，我们的训练营一共有 9 人。[①] 接下来我们要在这个训练营里共同度过 20 天的时光。在这 20 天里，我给大家安排了 10 节课，或者说，我们将讨论 10 个与个人成长有关的问题。20 天以后，我们再来看看彼此的变化。

我会在这课程中加入尽可能多的互动，让每个人都有发言的机会。每节课我都会保证有 1/3 左右的时间让大家发表自己的见解，进行现场交流。

我觉得这种沉浸式的沟通对你们心境的培养和心态的转变是重要的，这也是我们课程的目的。

---

① 在本书的写作过程中，作者获得了 7 位学员的许可，他们同意作者在保护隐私的前提下使用他们在学习过程的相关资料，作者在此向他们表示感谢。由于可以理解的原因，亲密关系训练营的 7 名学员在书中均使用的是化名，对于他们的经历和背景资料，作者在成书的过程中也适当地进行了虚化处理，如有雷同，纯属巧合。

现在我们开始今天的内容：我们对亲密关系的误解有多深？图1-1是接下来我们要思考的三个问题。

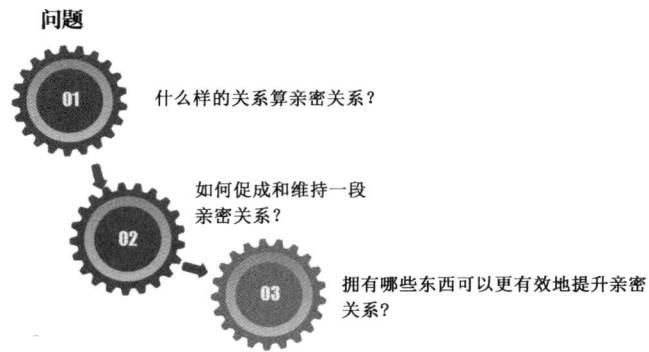

图1-1 关于亲密关系的三个问题

我们先从最简单的概念开始：**什么样的关系算是亲密关系**？

互动环节

Andy：我觉得夫妻、男女朋友、父母子女之间的关系，都算亲密关系。

东叔：夫妻、男女朋友、父母子女之间的关系都算亲密关系。这些关系有些是后天建立的，有些是先天形成的。在这些关系中，你认为什么样的状态呈现的是亲密关系？

Andy：状态就是两个人在一起要举案齐眉。

东叔：要亲密无间吗？要相敬如宾吗？请再仔细思考一下，什么样的状态才算亲密关系？

Andy：我觉得彼此能分享自己心里最真实的感受，才算是比较亲密的关系。

Andy 的想法是非常有趣的。请大家继续分享对亲密关系的看法。

今天我们的课程中有一部分同学是已婚的,另一部分同学是单身的。已婚的同学正在追求夫妻间更好的亲密关系,单身的同学则希望能够获得情侣间更好的亲密关系。单身的同学即使暂时没有恋爱的打算,也依然可以追求更好的亲密关系。其实,亲密关系不仅仅是指夫妻之间、情侣之间的关系,它还包括每个人与其身处的周围环境中的诸多关系,比如我们和孩子的关系,我们和父母的关系,甚至包括我们和客户的关系。

🎤 互动环节

> **小美**:什么样的关系才算亲密关系?我比较认同 Andy 刚刚说的。我认为在一段关系中能做自己的就是亲密关系。
>
> **东叔**:什么叫能做自己?请解释一下。
>
> **小美**:不用伪装,认可自己,接纳自己,就是你在这个关系里面不用伪装,能够完完全全地展现真实的自己。

小美的这个"不用伪装"的说法非常好,尽管我觉得"不用伪装"挺难的,但如果我们能够在生活中做到,它其实就是一种很甜蜜的亲密关系。

我个人很认可这样的亲密关系,如果你们能够完完全全地在感情中做自己,这种感情一定是轻松、舒适的,因而也会是持久的。

但做到这一点要付出代价其实蛮大的。做到这一点表示你们之间没有秘密,你做的每一件事情都对得起自己的内心——即使并不是每件事都对得起自己的内心,至少你要有勇气跟对方沟通,这并不容易——这是一个很好的目标!

🎤 互动环节

> **东叔**:境,请分享一下你是怎么理解亲密关系的。
>
> **境**:我答不上来,只能用抽象的语言来形容,我觉得它指的是一辈子高频接触的很近的关系。

境刚刚说的"高频接触"是一个很棒的词,我来解释一下它的含义。高频接触不是指高度频繁地接触,这里的高频指的是"较高的磁场振动频率"。有一种观点认为,人在激动、开心、充满爱、欣赏、自我肯定及自我认可等正向状态时,自身及周边磁场的振动频率会更高。我们不展开研究和讨论这种观点是否科学,总之,境在这里描述的高频接触,指的是一种比较正向且稳定的状态,所以境提到的"一辈子高频接触的很近的关系"可以理解成"一辈子只要在一起就沉浸在爱中,活出自信和爱自己的状态来,会欣喜和欣赏彼此,也会在跟彼此相处的过程中更加肯定自己",是那种典型的"在你身边我能活出更好的自己"的状态。所以有的时候我们会感慨:"好喜欢那个跟你在一起时的自己。"

爱尔兰诗人罗伊·克里夫特(Roy Croft)写过一首诗,名字叫《爱》(love),描述的就是这种"在你身边我能活出更好的自己"的状态。

我爱你
不光因为你的样子
还因为
和你在一起时
我的样子

我爱你
不光因为你为我而做的事
还因为
为了你
我能做成的事

我爱你
因为你能唤出

我最真的那部分

我爱你
因为你穿越我心灵的旷野
如同阳光穿透水晶般容易
我的傻气
我的弱点
在你的目光里几乎不存在
而我心里最美丽的地方
却被你的光芒照得通亮
别人都不曾费心走那么远
别人都觉得寻找太麻烦
所以没人发现过我的美丽
所以没人到过这里

我爱你
因为你将我的生活化腐朽为神奇
因为有你
我的生命
不再是平凡的旅店
而成为恢宏的庙宇
我日复一日的工作里
不再充满抱怨
而是美妙的旋律

我爱你
因为你比信念更能使我的生活变得无比美好

因为你比命运更能使我的生活变得充满欢乐

而你做出这一切的一切

不费一丝力气

一句言辞

一个暗示

你做出这一切的一切

只是因为你就是你

毕竟

这也许就是爱的含义

（资料来源：百度百科，baidu.com。）

🎤 互动环节

东叔：我们来听一下广的回答。

广：我不太了解亲密关系。它是指相亲相爱一家人？

东叔：相亲相爱一家人？

广：就是相互扶持。

东叔：这也算是一个目标。Rain，你怎么想？什么样的关系算亲密关系？

Rain：我认为天生的亲密关系只有子女和父母之间的关系。我们和爱人的亲密关系就只是一种关系而已。

东叔：这种关系是什么样子的？

Rain：就是我们和父母之间是血缘关系，我们和爱人是一种从内心会生出的爱——所有的亲密关系都是一种会从内心生出爱的关系，只是有些是血缘关系，有些是爱人关系。

东叔：从内心生出的爱。这个说法我觉得挺好的。

我们进一步讨论。内心生出的爱也好，执子之手与子偕老也好，高频的接触也好,之前你们追求这些亲密关系的时候,你们是怎么促成的?你们又是怎么维系一段亲密关系的?有些亲密关系是天生的,比如我们和父母之间的关系,它是天生的,但依然需要维护,我们要孝顺父母、时不时逗父母开心。我们和子女之间的关系也是天生的,也要维护,我们要对子女进行培养和教育。夫妻和情侣之间的亲密关系则更是一种需要促成和维护的亲密关系。

你们之前是怎么做的?你们曾经针对亲密关系做过哪些努力?

🎙 互动环节

东叔:Andy,请问你怎么想的?

Andy:我觉得维持亲密关系需要保持有效且不断的沟通,这些沟通最好能很真诚地交换彼此最真实的想法。

东叔:彼此要真诚地沟通,这是你的尝试。挺好的!小美,你怎么想?

小美:也是沟通。

我以前讲过一句话,生活中的大部分问题是通过与别人沟通、与自己沟通就可以解决的——要么与别人沟通,要么与自己沟通,我自己也是这么做的。

今天我们讨论的话题可能并不是每一个都能够让你们感到内心舒服的,但它们是有用的、有效的。就像吃药,它可能有点苦,但吃下去以后会有好的效果。

基于这样的思路,我们用一个例子来说明。比如,我在路边看到一个女孩,我特别喜欢她,然后我去追求她。我追求她的方式有点简单,就是看到就去追了,直截了当地向她表白。她认为我有点不正常,很不客气地对我说:"滚!"这样被拒绝后,我可能会伤心,但通常时间不会太久,因为我对这个女孩并没有付出太多的情感和精力。

现在我们来换一种情况。还是这个女孩,还是我在路边看到她并向她表白,我还是被她拒绝了,她拒绝我的方式依然是对我说了一个字:"滚!"不同的是，这个女孩对我来说不是陌生人，我暗恋了她10年。注意，两次表白的结果是完全一样的，但这次我伤心的时间会比上一次伤心的时间长很多，为什么？因为我们对事物的珍惜程度其实取决于我们对它的付出程度——付出得越多，我们就越珍惜。这也是为什么所有的父母都是爱孩子的，因为在孩子成长的过程中，父母一直在付出，无私地付出。

当然，恋人之间如果纯粹靠付出来维系彼此的关系，会有一点问题，因为随着越来越多的付出，付出的一方会越来越珍惜对方，但对方未必会越来越珍惜付出的一方。这个问题我们后面会分析。

现在我们继续刚才的讨论。

互动环节

东叔：广，你是怎么促成和维系一段亲密关系的？

广：沟通吧，我对这个问题还是很疑惑。

东叔：你看到喜欢的女孩会勇敢地向她表白吗？

广：会的，但结果大多数都是前面说的第一种情况，直接被拒。

东叔：也许你应该加强与自己的沟通。随着课程的推进，我会帮你找到更对症的方法。Rain，你是怎么促成和维系一段亲密关系的？

Rain：我会多方面考虑，除了多表达自己，也会在物质上多满足对方，还有就是多相处，多陪伴。

多表达自己，物质上多满足，多相处，多陪伴，Rain说得很好。每个人其实都有一个需要突破的点，我记得Rain需要突破的点是夸奖和多认可，所以光表达还不够，如果能够多夸奖和认可，对你而言许多事情会取得事半功倍的效果。每个人需要突破的点是不一样的，随着我们课程的深入，我希望能够帮助你们找到自己需要突破的点，进行自我提升。

小豆在举手。请问小豆有什么问题要问？

🎙 **互动环节**

小豆：我不是提问，我是想分享。我想分享的是，在我30岁之前，我是很难维系一段和朋友的亲密关系的。后来我发现其实我是在很多时候错过了对方为我付出，我同时回馈付出给对方这么一个过程。

当然，我不是30岁之后才有了这种可以称为亲密关系的朋友的。我发现彼此成为好朋友是需要像我们刚刚讨论的那样，要去付出的，但是这个付出其实是一个相互的过程，只有相互付出才能让一段亲密关系有更好的升华。彼此都要有付出，当对方对我有付出的时候，我也要及时给予回馈，这样彼此的感受会很好。

东叔：我觉得小豆的这个分享很棒。刚才我们讨论到单纯的付出会让自己更珍惜，如果能够彼此付出，就可以让彼此都更加珍惜。所以，当别人对我们付出的时候，我们要及时反馈，这是不是表示我们在付出的过程中也要向别人要求一些东西？

小豆：可以这样说。以前我是在朋友关系当中错过了这一环，或者说是忽略了这一环，所以我的很多朋友关系就在我成长的过程中断掉了。可能我当时没有把这些事情看得那么重要，所以没有建立好朋友之间的亲密关系。现在我开始注意给予别人及时的反馈。回到我们刚刚聊的内容，我的问题是：如果我对别人付出了，我是不是可以向对方去要一些及时的反馈？

小豆同学刚刚提出的问题非常好。我们称这种情况为交换彼此的需求，并达成彼此事后都认可的决定。这点看似简单，其实绝大多数人都做不到。

有一次，我教了一批年龄为五六十岁的学员，他们几乎从来都不懂得表达需求。在我的指导下，他们慢慢学会了表达需求。他们发现，在与别人相处的过程中，一旦明确表达了自己的需求，整个生活似乎都发生了变化。所以，我们在付出的同时,学会表达自己的需求并交换彼此的需求是重要的。

我们刚才讨论的问题是逐步深入的,现在我们进入这个问题的第三步,这也是今天的核心问题。请大家跟着我一起思考:拥有哪些东西可以更有效地提升亲密关系?你们先发表自己的观点,我会忠实地记录你们的观点。

互动环节

东叔:从自己的角度出发,我们拥有什么才可以更好地提升我们的亲密关系?

Andy:我觉得首先要有一个比较稳定的情绪。

东叔:稳定的情绪。好,还有吗?

Andy:能正确表达自己的想法,聆听对方的需求。

东叔:聆听。这是亲密关系的重要条件,非常好。Sam,你怎么想?

Sam:互相信任。另外还要有财富和魅力。

东叔:财富和魅力——我要有足够多的财富和足够大的魅力,它们可以让我更好地提升亲密关系。

Sam:还有沟通能力。

东叔:沟通能力。好的,你们说的这些要点我都记下来了。小美,你怎么想?

小美:首先是沟通,包括财富方面的沟通。还有一个问题是我目前的卡点:我在工作方面不自信,但我不知道怎么总结,我认为应该在工作上更进一步提升自己。

东叔:工作更加自信,是指这个吗?

小美:可能也是财富,因为我觉得不自信源于我现在还没有换到合适的工作。

东叔:所以有更多的钱我就可以得到更好的亲密关系?

小美:对的,我现在能想到的就是这些。

东叔：好的,我先记下你的观点。我们继续讨论。广,你怎么想?

广：好心情。

东叔：只要我心情好,就会有好的伴侣和亲密关系?

广：好的心态。

东叔：好心态。好的,我记下来了。还有吗?

广：还有就是平衡。

东叔：请具体说一下。

广：是指有良好的双方互动。

东叔：良好的沟通和互动,这是你在意的。很好。Rain,你怎么想?

Rain：我的想法是把自己活好。

东叔：把自己活好? 请展开说说。

Rain：就是把自己照顾好,让自己的日子过好。

东叔：只要我过得好,我就可以吸引更好的伴侣,是这个意思吗?

Rain：就这意思。过得好,让自己活得好。

东叔：这个活得好是指哪方面? 财富、魅力、健康? 还是方方面面?

Rain：方方面面,特别是健康,对我来说是主攻健康,当然,还有财富和魅力。

东叔：健康、财富和魅力都要有,这是你的想法,对吧? 我记下来了。境,你怎么想?

境：要有金钱、美貌以及帮助人解决问题的能力。这三点我都有,这也是我有自信的地方。我觉得自己身上缺少的是不会表达需求。因为害怕被拒绝,所以我从来不敢表达自己的需求。因为害羞,即使人家对我好,我基本上也不会表达感谢。

东叔：所以,你认为还要表达需求,表达感谢,对吧?

境：是的。

境在这里提出了一个非常有意思的问题。她已经拥有财富、美貌和帮助别人解决问题的能力,但依然觉得自己在追求幸福的过程中缺少了点什么。她认为自己缺少表达需求的能力和表达感谢的能力。

图1-2是我记录下来的大家刚刚讨论的内容。

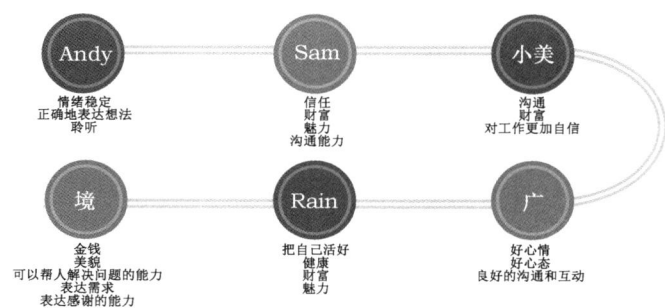

图1-2 拥有亲密关系的重要条件(讨论归纳)

接下来我们做一个游戏,请大家跟着我一起思考。

想象你到了一个陌生的城市,在这个城市里,你一个人都不认识,所以很自然地你就有了一个想法:"我得交几个朋友。"

这时候你面前有许多与你过去经历相似的人可以选择,这些相似的人是:你的同事、你的邻居、你感兴趣的异性。我们的问题是:什么样的人你会选择他跟你做朋友?什么样的人你会选择避开他?

互动环节

东叔：在一个陌生的城市里,什么样的人,你会跟他交朋友?

Andy：善良正直的人。

境：人品好、有能力的人。

Sam：承担责任、孝顺的人。

小美：有正能量、开心快乐的人。

广：有关系、有人脉的人。

Rain：长得好看、性格好的人。

东叔：好,我们继续。现在我们的问题是：什么样的人,你们选择不跟他交朋友？

Rain：没有诚信、喜欢骂人的人。

Andy：搬弄是非、做人没有底线的人。

广：长得丑、夸夸其谈的人。

小美：消极、做事拖沓的人。

境：坑蒙拐骗。害人害己的人。

我来归纳一下大家的选择。你们认为值得交朋友的人身上应该具有以下特征：善良、正直、人品好、有能力、承担责任、孝顺、有正能量、开心快乐、有人脉、长得好看以及性格好。那些没有诚信、喜欢搬弄是非、骂人、做人没有底线、长得丑、夸夸其谈、消极颓废、坑蒙拐骗和害人害己的人,我们就不会跟他交朋友。具体如图1-3所示。

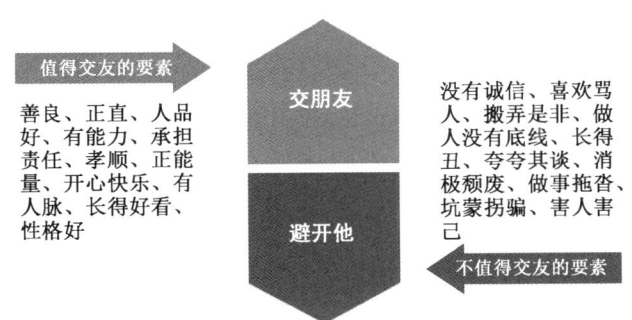

图1-3 交友的选择（讨论归纳）

我要提醒你们注意的是：图1-3中归纳的这些特征或者特点是你们说的，而不是我说的。我只是如实地记录了你们的观点，并不代表它们是正确的。

我们来继续讲前面那个一个人来到陌生城市的故事。

想象你在这个城市已经待了一段时间，有了一点积蓄。基于这些积蓄，你决定做一点投资，投资也不多，大概占你积蓄的10%左右。

你投资的对象是人，这个人可以是你的朋友，也可以不是。我的问题是：在什么样的情况下，你会选择用自己10%的积蓄向一个人投资？在什么样的情况下，你宁愿放弃已经投出的10%的积蓄，也要跟这个人在生意上一刀两断？你们也许还可以继续做朋友，但你不会再跟他进行生意上的合作。

🎙 互动环节

境：好像还是刚才那个问题。我的答案是有品德、有能力的人，我会用自己10%的积蓄投资。

Rain：讲诚信。

东叔：你们有没有发现，我们在投资上比交朋友稍微谨慎一点？

Rain：还有能为别人着想的人。

东叔：为别人着想指的是利他。利他是重要的，否则他赚钱后不分给你，你就白投资了。

Sam：有解决问题的能力、能抗压的人。

广：有正能量，另外要信心满满。

Andy：首先，这个人要正直、善良。其次，我要投的项目必须是有可行性的。

东叔：我们继续。什么样的人，你宁愿损失已经投资的10%的积蓄也要跟他一刀两断？

Andy：一刀两断是指这个项目我不投了，对吧？

东叔：对，并不是指这个朋友不交了，你们还可以继续联系，只是这个项目你退出了，你们在生意上的往来结束了。

Andy：首先是这个人的人品不好，做事没有底线，其次是这个项目本身没有未来。

广：脾气不好。

东叔：仅仅因为对方脾气不好你就宁愿损失已经投资的10%的积蓄？为了10%的积蓄你难道不能忍一下吗？

广：脾气不好就算了，没必要。

东叔：好。境，你怎么想？

境：这个人会伤害到我。他不考虑我的利益，或者说这个项目本身是损害社会的。

东叔：非常好。小美，你怎么想？

小美：不负责任。

Sam：没有抗压能力，没有诚信。

大家讨论得非常好。图1-4是我对大家的观点的归纳。

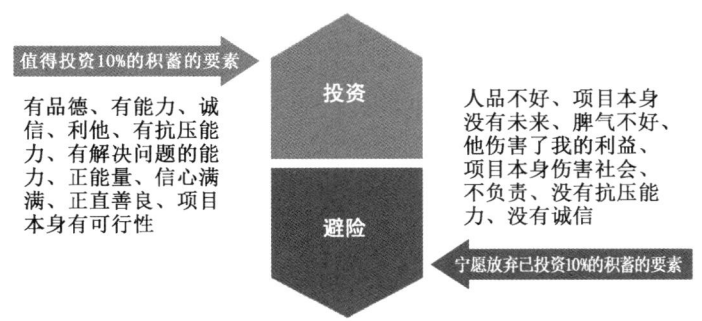

图1-4　投资的选择（讨论归纳）

接下来我们进入一个更难的问题。

商海浮沉，你需要做一个艰难的选择。这个选择是，你必须跟另外一个人的公司合并，否则商业大潮会把你淹没。合并代表你投资的是你全部的积蓄。如果投资失败，你就要从零开始，从头奋斗。

我的问题是：在什么样的情况下，你愿意投 100% 的积蓄给一个人或者一家公司？在什么样的情况下，你宁愿损失公司 50% 的资产，也要跟这个人或者这家公司断绝合作关系？

🎤 互动环节

东叔：Andy，你怎么想？

Andy：如果要投 100% 的积蓄，这个人首先要正直、善良。然后我们两个人的经营理念一致，所追求的目标一样。

东叔：好。境，你怎么想？什么样的人你愿意投 100% 的积蓄？

境：刚才说是有能力，这里是要有超强的能力。

东叔：超强的能力是指超能力吗？

境：不是超能力。超强，是指非同一般的能力，能处理和解决问题的能力，因为要一起经营新公司。

东叔：这个工作能力只是局限于处理和解决问题的能力，是吧？

境：对，解决各种棘手问题。还有这个人要和我的人生观、价值观等一致。

东叔：三观一致。我们继续，Rain，你怎么想？什么样的人你愿意投 100% 的积蓄？

Rain：有诚信，愿意为朋友两肋插刀的人。

东叔：为朋友两肋插刀和有诚信是两件事。两肋插刀好像是指很够哥们、讲义气之类的。

Rain：这个人是肯定不会骗我的那种。就是说这个人如果希望我能够投 100% 的积蓄，他得愿意为我付出他的全部积蓄。

东叔：他也要全部付出，他也要投 100% 的积蓄给我。很好的想法。Sam，你怎么想？

Sam：协调和沟通能力强。

小美：我觉得是能力互补，比如我不擅长表达需求，他擅长表达需求。还有就是在一起工作能合拍，即使有分歧也能达成一致。

东叔：非常好。广，你怎么想？

广：有超强的商业模式。

东叔：前一阵子社会上到处是投资热潮，打开电视好多频道都在讲超强的商业模式，结果没几个是能真正存活下来的。我先帮你记下来：超强的商业模式。还有吗？

广：沟通、抗压、情商、信用，这四个方面能力都要强。

东叔：好。现在我们继续这个问题的另一面：什么样的情况下，你宁愿损失50%的总投资——这个投资是用了你全部积蓄的——也要跟你的合作者彻底终结商业关系？

广：干得不开心，感觉自己很累。

小美：拒绝沟通。

Rain：我有很多想法，比如说对方在言语上攻击我，使用侮辱性的语言，完全不顾我的颜面，完全不考虑我的感受，不懂得沟通。

Sam：不遵守承诺，分配不均。

东叔：境，你怎么想？

境：故意地针对和伤害我，为了自己的利益侵占我的利益。

东叔：侵占我的利益，我记下了。非常好。

Andy：欺诈。就是欺骗我或者做假账之类的，有违法乱纪的行为。

东叔：这个是很好的想法。

图1-5是我对刚刚大家讨论"合并的选择"的归纳。

```
值得投100%积蓄的要素 →  [合并]  每天吵架、很累、不开心、拒绝沟通、打人、
正直善良、经营理念一               骂脏话、不付出、不遵
致、有超强的处理解决               守承诺、分配不均、故
问题的能力、三观一致、             意针对和伤害我、为了
非常有诚信、对方也要               自己的利益侵占我的利
投100%给我、遵守承诺、             益、欺诈、违法乱纪
协调沟通能力强、能力
互补、有分歧也能达成   [分开]
一致、有超强的商业模   ← 宁愿放弃50%总投资的要素
式、善于沟通、抗压能
力强、情商高、讲信用
```

图1—5　合并的选择(讨论归纳)

下面我们来分析一下我们刚刚讨论的这个故事。

"我来到一个城市,在这个城市里我一个人都不认识,所以我要选择朋友。什么样的人我会选择他做朋友？什么样的人我不会选择他做朋友？"

故事的这一部分隐藏的意思是:"我新到一个公司,新到一个团队,新到一个家庭,别人是否会选择我？在什么样的情况下别人会认可我,接纳我？"

所以交友在这里对应的是与同事、恋人、朋友等的相处。

我们来回顾一下大家的答案。

善良、正直、人品好、有能力、承担责任、孝顺、有正能量、开心快乐、有关系、有人脉、长得好看及性格好,具有以上特征的"我"更容易被别人选择做朋友。

大家注意到了吧,我们提供的那些答案,恰恰是别人选择我们的原因。

同样,没诚信、爱骂人、搬弄是非、做人没底线、长得丑、夸夸其谈、消极颓废、做事拖沓、坑蒙拐骗及害人害己,具有这些特征的"我"很难被别人选择为朋友。

这个朋友是广义的,可以是生活中的朋友,可以是邻里关系,可以是职场的同事,可以是学校里的同学,也可以是我新加入的一个家族里的成员。不管怎样,你们会看到一件事情,就是前面我们说的具有容易被别人选择为朋友的特征中,大部分都是后天或者说是凭借自身努力就可以达到的,不是一定需要

先天获取。比如善良正直、有能力、孝顺、有正能量和开心等。

而那些先天的要素或者非自身努力就可以得到的东西,比如人脉、长得好看,虽然也在我们的答案中,但它们占的比例不大。这说明大部分人只要努力就可以被别人接纳。

我们继续分析这个故事。

"我来到一个城市,我要用积蓄的10%进行投资。"

投资10%指的是什么呢?在这里我用它来指年化流水在1200万元到1500万元之间,账上的流动资金通常在50万元到100万元之间的小企业。为了方便起见,账上的流动资金我按照100万元计算。故事的这一部分隐藏的意思是:"作为这个企业的负责人,我决定雇用A。我付给A相对正常的工资,比如说5000元/月。"我知道你们会认为这个薪资水平是比较一般的,但是,对一个小企业而言,5000元是什么概念呢?

$$5000 元 \times 12 = 60000 元$$

60000元是公司给A的一年工资。此外,公司还需要为A交五险一金,这个费用大约是2500元/月,一年是30000元。比外,年终时公司还要给A发年终奖,平时还有一些福利费用,这两项我们假设一共是10000元。通过这个计算,你们可以看出来,公司每年为A支付的费用一共是10万元。没错,10万元是一个小公司雇用一个员工工作一年的成本,它的金额是一个100万元现金流公司的10%。

如果公司的负责人对A的工作不满意,想要解雇他,公司需要付出的代价是什么呢?公司可能需要支付A大约三个月工资的赔偿金,然后还要另外招人来顶替A的工作,新招的人可能需要培训,经过几个月的适应才能达到A的工作水准。这样算下来,公司解雇A要支付的成本大约也是10万元左右。

所以积蓄的10%投资在这里是指你的上级、长辈、领导对你的认可。在什么样的情况下,你的上级、长辈、前辈会认可你?在什么样的情况下,他们不会认可你?不认可的意思是,他们宁愿损失10%的投资,也要让你离开他。

我们来看一下大家的发言记录(见图1-4)。

有品德、有能力、诚信、利他、有抗压能力、有解决问题的能力、有正能量、信心满满、正直善良及项目本身有可行性。

这一次,这些特征代表我们在职场或者家庭关系中,能否被我们的上级、长辈、领导认可。你们看,上面的这些特征已经全部是后天因素了,类似于我们在交朋友的选择中的先天因素,比如"长得丑"已经不在大家的选择范围里了。换言之,这次没有人说,因为你长得漂亮,颜值高,我就愿意投资积蓄的10%给你。我跟大家解释一下,"有品德、有能力"在这里更多的是指我们针对这件事情本身的能力。在家庭关系中,这个能力就是指要有支持家庭生活的能力。在职场关系中,这个能力是指能为公司赚钱的能力。"项目本身要有可行性"指的是这个人要有未来——有未来,有希望,有发展潜力,才值得别人愿意用积蓄的10%为你投资。如果我是一个公司负责人,我愿意在职场任用你,你这个人未来的发展必须是符合我公司的发展要求的,你的认知必须和我公司的宗旨是一致的。如果我是一个家庭的长辈,我接纳你,是指你这个人的未来发展跟我们的家庭目标是一致的。反过来,如果你做人没有底线,没有未来,脾气不好,没有抗压能力,没有诚信,在相处或者合作的过程中,你会伤害我的利益或者公司的利益,我宁愿放弃10%的积蓄也要离开你。

所以投资积蓄的10%在这里代表的是你的上级、长辈、领导对你的认可。

现在我们来看一下用我们积蓄的100%投资代表的是什么。

它代表的是婚姻,或者叫我们在婚姻中的投入。

正常情况下,当你决定走进一场婚姻中,你投入的将是100%。当然,这并不是说这场婚姻失败了,你的一切都完了——婚姻失败代表你的一切将重新开始。

现在,我们的重点来了。在什么样的情况下,别人愿意投资积蓄的100%给我?在什么样的情况下,对方宁愿损失50%的总投资也要跟我一刀两断?婚姻中的情感因素和损失,我是没有办法衡量的,但至少从物质上看,婚姻的失败会让人损失一半的家产。在什么样的情况下,对方宁愿损失一半的家产,也要跟你一刀两断?图1-5中的合并对应的是亲密关系,是"爱情与婚姻"。

我们来看一下大家前面的讨论。大家说的有：正直善良、经营理念一致、超强的处理和解决问题的能力、三观一致、有诚信、对我百分百付出、遵守承诺、有很强的沟通能力、能力互补及能通过沟通解决问题。

我们来简单解析一下。经营理念是指婚姻和家庭的经营理念一致。有超强的处理和解决问题的能力，是指在家庭中不管出现什么样的问题，这个人都有能力解决。这个人还要和我三观一致，有诚信，对我百分百地付出，要遵守承诺。他要有很强的沟通能力，与我的能力互补。在我不擅长沟通的时候，他要主动找我沟通，即使有分歧我们也能最终达成一致，通过沟通解决问题。

在这里有位学员的理念是比较难理解的，叫超强的商业模式，这也许是指两个人在一起的方式不一定是大多数人认可和接纳的。我猜想可能是柏拉图式的，或者是别的方式，我不评判这位学员所说的模式是否会成功，但该学员同时还认识到要有沟通能力、抗压能力、情商高和讲信用等，这些都是后天努力就可以达成的内容。

接下来是问题的另一面：是什么摧毁了我们对婚姻的信念、坚定了别人放弃在婚姻中跟我相处下去的认知呢？

我们还是来看图1-5中大家的讨论结果。如果每天吵架、弄得人很累很不开心，如果拒绝沟通，如果打人，如果不付出、不遵守承诺，如果分配不均，如果故意针对对方、伤害对方，如果为了自己的利益侵占对方的利益或者侵占别人的利益，如果违法乱纪，等等，在这些情况下，对方宁愿放弃总投资的50%也会选择跟你一刀两断。

你们有没有发现，在这些因素中，再也没有——也绝无可能有——任何先天的东西，它们全部都是后天的因素，来自我们的经营。

你们会发现一直以来我们在追求亲密关系的时候是存在许多误解的。我们认为颜值、学历、健康、人脉、财富和沟通等是我们获得亲密关系的重要条件。事实上，除了沟通，这里面的绝大多数的因素只是在我们交朋友的时候有用，而且不起绝对作用。在我们的朋友圈中，一定有那么几个人是不那么漂亮、没有什么人脉的，不是吗？

总之，在上面的几个问题中，交友的选择对应的是我们和同事、恋人的相处，投资的选择对应的是长辈、上级、领导对我们的看法，合并的选择对应的则是亲密关系——爱情与婚姻。亲密关系的选择其实跟财富、颜值、背景并没有直接的关系。

我们讨论的是亲密关系的核心要素，但我们却在做排除法，我们一步步找出了哪些东西不是亲密关系的核心要素，即财富、颜值、背景等与先天因素有关的东西不是亲密关系的核心要素。

下面请大家分享一下我们探讨这些问题后的感受。

互动环节

Andy：有些时候我们特别想和同事或者长辈搞好关系，可我们常常想得太复杂了。用刚刚这个分析问题的方法，换个角度看问题，我能更清晰地想到应该怎样去跟我的同事和长辈相处，以及怎样去判断我的亲密关系的另外一半，我应该怎样去做。

Sam：用投资的形式去理解亲密关系中的一些问题我觉得挺有意思的。有时候我们在亲密关系中会有许多想不明白的地方，这样换个角度看问题，思路会很清楚，问题也就变得简单了。

东叔：谢谢你们的分享。很多时候我们会以为父母一心希望我们考出好的成绩、生孩子赚钱，老公希望我们魅力四射——其实这些未必是他们的需求，是我们误读了他们的需求。

小美：刚刚那个游戏中我自己说的那些点，其实全都是我对自己的要求；其他同学说的那些点，其实也是他们对自己的要求。我觉得经过刚刚的游戏，我好像更明白自己身上存在的问题了。

东叔：是的，你会发现大多数人在沟通中吐槽别人的问题其实是自己身上存在的问题的投射。通过这些投射我们可以将自己看得更清晰。

广：我感觉自己以前把事情看得过于复杂化。我应该稍微主动一点，积极跟人沟通，努力表现或者展现自己的优点或者特点，这个是我今天的感受。

东叔：如果你能从今天的课程中得到"我愿意更加主动"的想法，这是非常好的事情。有时候我们喜欢一个女生，我们追求她的方法并不是去猜自己喜欢的这个女生是想要找一个帅的男人，有钱的男人，高学历的男人，然后我就先花个十年八年的时间，照着我们猜测的她喜欢的男人类型去努力。不应该是这样的。我们应该问一下，她到底要什么？我以前有个学员，他有一个很棒的女朋友。他觉得自己没有钱，没有房子，长得也不帅，猜想如果自己向对方求婚，对方应该不会答应的。所以他打算先存8年的钱，等到33岁的时候再去向女孩求婚。你们想想，哪个女孩会愿意等你8年才来求婚？于是我教他去和对方交换需求。他真的去表达了需求以后，对方说只要有几万元的积蓄——万一失业，我们可以撑一撑——就可以了，婚后的生活我们一起经营。

就在这个月，他兴高采烈地去提亲了。没过多久，他就喜气洋洋地给我发了张领结婚证的照片。所以，很多问题是我们自己想出来的，事实上是我们想多了。

我们继续分享感受。Rain，你怎么想？

Rain：其实我已经猜到最后一个合并其实就是夫妻关系。就是骂脏话这一点我觉得有点纠结——哪怕是非常甜蜜的感情，也有可能互相骂脏话的。

东叔：的确，有的人表达方式就是这样，说话有口头禅，一言不合就骂脏话。我们都不喜欢骂脏话的人，但为什么你会对这一点这么介意？这其实是另外一个心理学上的问题。我在这里简单地帮你分析一下。根据我对你的了解，你需要解决的问题中有夸奖和认可自己，在你没有做到夸奖和认可自己的时候，你很容易在心中默默地诋毁自己。这就是为什么当别人骂你脏话时，你特别容易被触动到。

你可以试着修正，平时多夸奖自己、认可自己，很多情况会因此慢慢改善。

  Rain：好。

  东叔：境，你怎么想？

  境：我跟 Rain 正好相反。在做 100% 的投资和 50% 的投资损失的时候，我完全没有想到这是亲密关系或者跟婚姻有关。

  我只是觉得要放弃 50% 的投资特别难。刚才知道它是代表离婚这件事的时候，我觉得实在是太准了。这个问题问出了我对婚姻的底线。

今天的课只是一个开场，后面我会一步一步地帮助大家找到亲密关系最核心的内容，引导大家慢慢拥有更好的心态，走向更好的人生。

在亲密关系中，我们常常会遇见这样一些思维陷阱，比如——

我是不是一定要找对人才能结婚？

如果婚恋失败，我遇到的下一个伴侣会不会跟现在的完全不一样？

这件事全是对方的责任。

我必须拯救这段感情。

我需要刺激。

我是不是只要一直等，真爱就会来？

是不是只要生活和谐就好，我们不谈恋爱也行？

说真话很伤人，我是不是不说真话会比较好？

我是不是一定要顺着对方或者顺着对方家庭的意愿？

……

我知道你们有许多问题，这些问题我们会在后面的课程中逐步得到解决。

02　明辨卡点：怎样通过细节实现对别人的快速判断

> 当我们能够预判到一件事情可能有问题的时候，我们就会拥有对这件事情的选择权。为此，我们学习"绘图分析法"和"签字分析法"两个技术。
>
> 识别他人自卑的真正意义是反思自己在哪些地方需要提升——唯有变成更好的自己，我们才能够吸引来更好的追求者或更好的亲密关系相处者。换言之，我们拥有什么样的亲密关系其实取决于我们现在处于什么样的状态。

我们今天学习怎样通过细节实现对别人的快速判断。今天课程的目的是想告诉大家，当你能够预判一件事情可能有问题的时候，那么你就会拥有对这件事情的选择权。

在我进一步讲解之前，我想先跟大家互动一下，看看你们对今天的课程有什么样的想法。我先抛出一个基础的问题：你们认为自卑对亲密关系的建立有什么影响？

— 🎤 互动环节 ————————————

Andy：我觉得自卑对亲密关系的建立影响挺大的。自卑的人要么是过分付出，因为觉得自己配不上对方；要么是比较强势地要求对方付出，以此来填平自己的自卑感。

东叔：我觉得你很有想法，挺好的。

Sam：自卑的人脾气会很不好，因而影响亲密关系。

东叔：因为自卑，所以脾气不好。因为脾气不好，所以会影响亲密关系。脾气不好仅仅会造成吵架吗？还是会有一些其他的后果？

Sam：脾气不好肯定会吵架。

小美：我觉得自卑会让你们的关系进行不下去。如果是恋爱，对方会因为自卑而影响到你们的关系；如果是友情，对方也容易跟正常的朋友玩不到一块去，总会觉得有隔阂——自卑的人总在想一些有的没的的事，但其实人家并不一定这么想。

东叔：自卑的情绪有时候也是不断变化的。比如我在学校读书时是个学习成绩很好的学生，因为成绩好，我在学校是自信的。走上社会以后，大家不再以学业情况或者考试成绩来维持自信了，我在工作中表现出的能力并不强，可能这时我就会出现一个由自信转向自卑的过程。

又比如说，我年轻时是个大美女，我对自己的魅力很自信。随着年龄的增长，我的容颜开始慢慢老去，所谓美人迟暮，这时我在魅力方面的自信慢慢下降了。

诸如此类的事情导致人们或迟或早都会有一个自卑的高峰期，面对这种情况我们应该怎么处理？白龙，你怎么想？

白龙：自卑可能会影响自己跟别人的沟通。比如我弟弟最近很自卑，跟我沟通就很不好。

东叔：如果对方自卑，而你又看出问题出自对方，那么可以尝试包容他一点。

白龙：我能把他打一顿吗？我现在特别想打他一顿。

东叔：他是你的弟弟，我不确定你打他一顿他会不会原谅你的这种行为，这是你们姐弟之间的事，我暂时不评判。不过，正常情况下，你弟弟或者别的什么人自卑了，你的态度应该是夸奖他、支持他、鼓励他。他已经自卑了，如果你再打他，他不是更自卑了吗？

广，你怎么想？自卑对亲密关系的建立有什么影响？

广：非常大。

东叔：形容一下。

广：举个例子。我今天去相亲了，那个女孩觉得我还不错，但我有种说不出来的感觉，反正感觉自己配不上人家。

东叔：你刚刚说你今天去相亲了？

广：对。

东叔：然后那个女孩还对你感觉不错？

广：对。

东叔：我感觉她不错，她也觉得我不错，但在我的内心深处总觉得自己不配拥有这段感情，觉得搞不定，有点心慌，是这样吗？

广：是的，有点心慌。

东叔：我会在后面的课程中慢慢帮你解决这个问题。我们来继续前面的讨论。Rain，关于自卑你怎么想？

Rain：我一直因为自己胖有点自卑，觉得配不上帅哥或者条件好的男生。

东叔：刚才Rain描述了一个很有趣的状态。因为自卑，所以很多时候我们和别人沟通变得艰难，要么以更暴躁的脾气来表达自己，要么就干脆回避沟通。请大家回忆一下，在你们的生命中，是否曾经出现过有人脾气暴躁地同你沟通的情况？

Rain：我的父母、孩子、前男友都有过这情形。

境：我碰到过对方非常自卑的情况。我只是随意说一些话，对方便理解成我是在说他的缺点。我有时候态度稍微冷淡一点——其实是因为我自己很忙——对方就会觉得我在生气，或者是针对他。这些情况的出现在我们相处的过程中造成很多的不愉快。

东叔：我们试试换一个角度看这个现象：别人脾气暴躁地同我们沟通，有没有可能是因为他们的自信心不足？

谢谢大家的讨论,讨论中提出的一些问题我们后面慢慢回答。

通过讨论,我们可以确认,自卑会影响亲密关系的建立。如果我们能够第一时间判断对方是自卑的,我们就可以减少很多麻烦。

接下来我抛出来的问题是:我们怎样判断对方是自卑的?

判断一个人是否自卑有许多种方法,今天我从技术层面教会大家两个简单易学的方法,一个叫绘图分析,一个叫笔迹分析(见图2-1)。这两项内容当然不可能在短时间内让大家掌握,但是,作为方法论,我把基于自卑的要素在这两个分析技术中做了概括和提炼。换言之,我会让大家试着通过绘图分析和笔迹分析来判断身边的人是不是自卑的——我不敢说它是完全准确或者对什么人都起作用的,但我相信它们对你们学会更好地判断人是有帮助的。

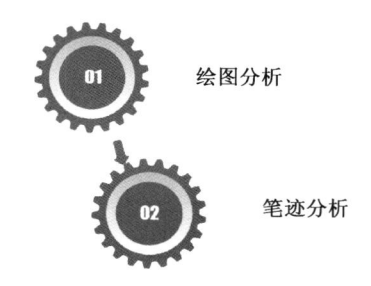

图2-1 识别身边的自卑者的两个方法

一、绘图分析

我先解释一下什么叫绘图分析。我就不解释理论了,直接给大家说方法。绘图分析是让大家画一幅画,然后根据这幅画来分析相关的信息。这幅画的内容应该包含房子、树木和人——你想画什么就画什么,你认为画完了就画完了,但画的内容要包含房子、树木和人。

在这里我也邀请读者朋友们找张A4纸,拿起笔,随手画幅画——不需要很复杂,涂鸦就行。画的内容应该有房子、树木和人。画完后在右下角画个长方形的框,在框里签名。一会儿学会分析后,你们可以通过本章学到的绘图分析和签字分析方法,分析一下自己。试试看,会很有意思的。

一会儿我会分析大家的绘图。我先带大家学习几个分析绘图的关键点。

1. 绘图内容过大

首先我们要判断绘图的大小。如果绘图内容大于纸张的2/3,就属于太大了。正如我们前面提到的,太大是自卑的一种表现形式。常见的状态是,我明明已经很棒了,已经达到80分了,但我硬要撑出90分的状态来,即我要表现出比自己更好的状态来。这样的状态不是最真实的自己,又因为没有人可以长久地保持撑出来的状态,所以这样的状态是累的。这样的状态源于不自信。当我们遇见处于这种状态的人的时候,我们要把"自卑"转化成"不自信",即我们不要直接说对方自卑,而要说他不够自信。

图2-2是我对绘图内容过大的归纳。

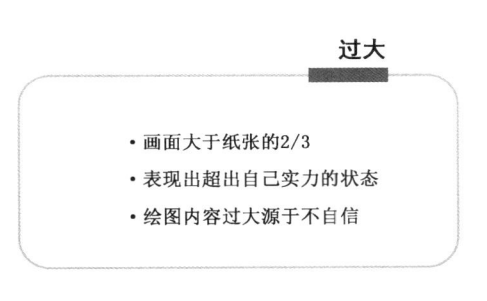

过大
- 画面大于纸张的2/3
- 表现出超出自己实力的状态
- 绘图内容过大源于不自信

图2—2 绘图内容过大

2. 绘图内容过小

什么是绘图内容过小?如果绘图内容小于纸张的1/9,我们称为内容过小。比如一张纸,我们把它分成9格,如果绘图整体小于任何一格,就叫小于1/9。它不一定要在这9格里面,它可以画在纸的任何地方,只要它的整体图画小于纸张的1/9,就算过小。绘图内容小于纸张的1/9表明绘图者是非常不自信的。如果说绘图过大是以超出自己的状态来表现自卑的话,那么绘图过小则是连装都不装了,不加掩饰地表现自己的自卑。我要提醒大家注意的是,对这样的人,如果我们当面说他不自信,往往会遇到对方强烈的情绪反弹。所以,我们在和这样的人沟通时用词要特别注意,尽量避免直接用"自卑""不自信"这类词语表达。我们要鼓励他们平时尽量多夸奖自己,认可自己。

图2-3是我对绘图内容过小的归纳。

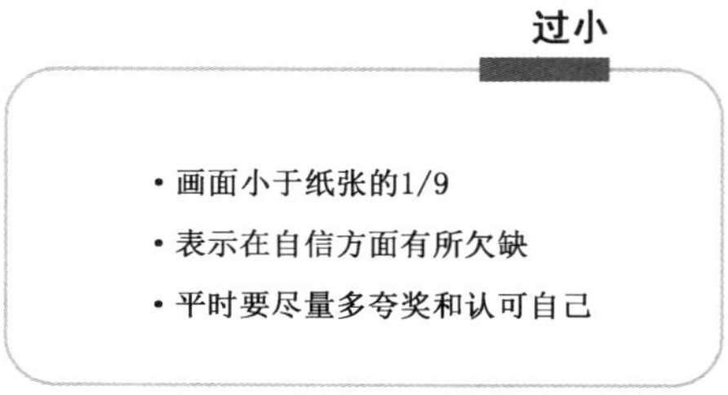

过小

- 画面小于纸张的1/9
- 表示在自信方面有所欠缺
- 平时要尽量多夸奖和认可自己

图2—3　绘图内容过小

3. 转换纸的方向

我们把纸递给对方绘图的时候,要跟他说:"这张纸我是横着给你的,你可以横着画,也可以竖着画,想画什么就画什么。"

接下来我们可以观察对方是怎么使用这张纸的。如果对方转换了纸的方向,竖着画图,一般表示对方对自己目前的状况不满,想要改变——他可能还没有计划,但他通常会在几个月内想要改变职场环境或者生活状态。

图2-4是我对转换纸的方向的归纳。

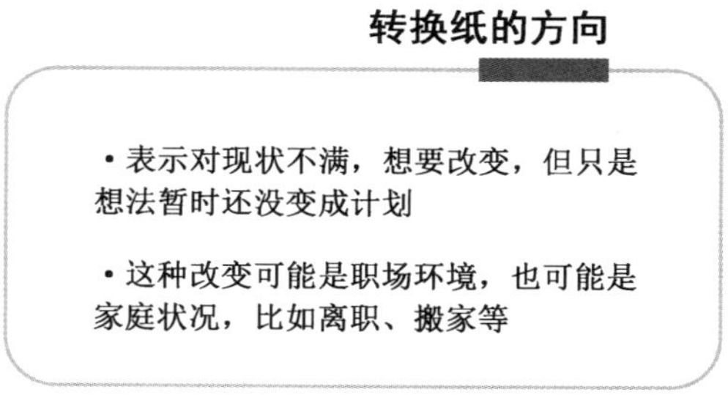

转换纸的方向

- 表示对现状不满,想要改变,但只是想法暂时还没变成计划
- 这种改变可能是职场环境,也可能是家庭状况,比如离职、搬家等

图2—4　转换纸的方向

如果是在职场,转变画纸的方向表示这个人很有可能会在几个月内跳槽——尽管他可能目前还没有具体的计划,但他应该已经对当下环境不满。

如果是在情感或者婚姻关系中,转变画纸的方向则表示对方对当下的状况不满意,可能是对一个地方不满意,也可能是对许多地方都不满意。这时候,我们应该去问他对当下的婚姻或情感到底哪里不满。这时候的沟通是很重要的,通过沟通,我们可以准确地找到问题所在,有针对性地去解决问题。

4. 笔压力轻

什么是笔压力轻？就是从这张纸的背面看,你会发现几乎看不见印迹。换言之,就是笔迹非常淡,做不到力透纸背。当一个人的画画得很淡的时候,往往代表他过分在意别人对自己的看法。一个过于在意别人对自己看法的人往往是自卑的,不自信的。

有一点是需要特别注意的。如果对方的笔力淡不是表现在整个画中,而是表现在一些特定的东西上,比如房子、树,则表示对方对这些东西所代表的内容是介意别人的看法的。

图2-5是我对笔压力轻(淡)的归纳。

笔压力轻（淡）

- 表示过分在意别人对自己的看法
- 哪里的笔力淡就在意哪里,比如房子部分的笔力淡,是介意别人对自己家庭的看法

图2-5 笔压力轻

5. 房子倒塌或者破损

房子代表家庭。

如果房子冒烟,比如说房顶上画了个烟囱,并且烟囱正在冒烟,它表示家里可能处于吵架或者冷战的状态,家庭关系紧张。如果只有烟囱但没有冒烟,表示尽管家庭关系紧张,但有疏通的渠道。如果连烟囱都没有房子却直接在冒烟,则说明家庭关系的紧张程度更糟糕。

如果画中的房子是倒塌的或者破损状,往往暗示家庭的状况不稳,这是我们需要重点关注的情况。

图 2-6 是我对房子倒塌或者破损的归纳。

房子倒塌或者破损

- 房子代表家庭
- 房子倒塌或者破损暗示家庭不稳,需要重点关注

图 2-6　房子倒塌或者破损

6. 涂改

涂改往往代表心结。如果绘图有涂改,特别是在绘图的左边有涂改的痕迹,表示对方有心结或者放不下的情绪。人的大脑分左脑和右脑,左脑代表理性,右脑代表感性,落实到纸上以后是反过来的。所以,绘图的左边有涂改的痕迹,代表对方有放不下的心结。

基本上有几处涂改就有几个心结或者几段没有放下的情绪,这是我们需要注意的。

图 2-7 是我对涂改的归纳。

涂改

- 涂改代表心结
- 绘图的左边如果有涂改,代表有心结或放不下的情绪
- 有几处涂改就代表有几个心结或几段放不下的情感

图 2-7　涂改

7. 树瘤、树洞、疤痕

现在我们来讲树。有的人画树，会画树洞或者树木的疤痕。因为树干代表成长的过程，所以树洞或者疤痕代表"成长过程中的心结和心理创伤"。

尽管每个人在成长过程中都会或多或少地有心理创伤，但大多数人会化解掉，如果没有化解掉，就会以树瘤或者树洞的方式出现在图画里。这种心理创伤如果没有处理完，将来在婚姻或者感情生活中一定会显现出来，这也是我们需要注意的。

图2-8是我对树瘤、树洞、疤痕的归纳。

树瘤/树洞/疤痕

- 树干代表成长过程
- 树瘤、树洞和疤痕代表成长过程中的心结或心理创伤，通常会影响未来的生活

图2-8　树瘤、树洞、疤痕

8. 枯树或者柳树

画树时，树冠常见的画法是类似圆形的形状，如果是松树则常表现为一个向上的三角形。在"房、树、人"里面，树冠代表个人发展的状态，所以树冠如果是向上的，代表这个人是积极向上发展的，比如圆形或者向上的三角形等。如果树冠是往下的，比如柳树，则代表这个人想要躺平；如果整个树冠显得耷拉或者下垂等，则代表这个人上进心不强。

树的核心意义是成长。如果树本身枯掉了，代表对方的个人成长动力已经枯竭了，处于没有上进心，想要躺平的状态。

图2-9是我对枯树或者柳树的归纳。

枯树/柳树

- 树代表个人成长
- 枯树表示个人成长动力枯竭
- 树冠的走势代表个人发展的状态，如松树般向上表示动力满满，如柳树般下垂表示想要躺平

图 2-9　枯树或者柳树

9. 绘图中人的手很小

接下来我们来分析绘图中的"人"。

人的手画得很小，代表对"自己能力的自信不足"，最常见的是火柴人画法。很多人画"人"的时候会说，我从小到大学习画人就是画火柴人。这时候我们不要轻易相信对方的说辞。从心理学的角度分析，只要对方在做绘图游戏时将人画成火柴人，我们就认为他画的人的手很小，脚也很小。

手在这里指的是力量。

手如果画得很小代表什么？代表这个人对自己的力量不自信，这力量可以纯粹是肌肉的力量，但更多的是指个人的能力，通常是指与自己专业相关的能力。

图 2-10 是我对绘图中人的手画得很小的归纳。

人的手画得很小

- 手代表能力，包括各类技能，尤其是专业技能
- 手或手臂小表示对自己能力的自信心不足

图 2-10　人的手画得很小

10. 人的腿很细或者脚很小

腿脚是"立足"的意思。如果绘图中没有画腿,或者腿部画得很少或腿画得很细、脚画得很小,这些都代表了绘图者是不自信的。这种不自信的地方相对市侩一点,比如说房子、车子、社会地位、学历和财富等。需要注意的是,这只是表示他对自己与"立足"相关的能力不自信,并不表示这些方面他真得很弱,即只表示在这方面他对自我的要求较高,自我评价较低。

图 2-11 是我对人的腿脚画得很细或者很小的归纳。

人的腿脚画得很细或者很小

- 腿脚代表"立足"的能力
- 如果绘图中没有画腿,或者腿部画得很少或者腿部画得很细、脚画得很小,表示绘图者对自己"立足"的相关能力不自信

图 2-11　人的腿画得很细或者脚画得很小

11. 绘图中出现太阳

太阳是指权威人物。绘图的左边代表感性,右边代表理性。所以太阳如果在左边,代表绘图者在情感上受到某个权威人物的影响,这权威人物是谁我们不知道,可能是他的父母,可能是他的祖父母,可能是他的领导,可能是他的恋人或者配偶,甚至有时候会是他的子女。其实,这个人具体是谁不重要,重要的是,这是一个在情感上受别人影响的人,比如妈宝男、妈宝女,等等。

右上角代表理性方面的影响。如果太阳在右边,代表绘图者的思路、想法及其对事情的判断是受别人影响的。

太阳画得越大,以上的影响程度也越大。所以,当绘图中出现太阳的时候,我们要慎重考虑到别人对绘图者的影响。

图 2-12 是我对绘图中出现太阳的归纳。

太阳

- 太阳代表权威人物
- 绘图左上角出现太阳代表感性方面的影响
- 右上角出现太阳代表理性方面的影响
- 太阳越大表示影响越大

图 2-12　绘图中出现太阳

我们总结一下：涂改，尤其是绘图左边的涂改，针对的是心中有没放下的事。树瘤是指成长过程中的心结。枯树和柳树是指这个人上进心不够。手小代表自己的能力不行，或者对自己的能力不自信。腿细或者脚小代表对自己的立足本领不自信。太阳代表很容易受到权威人物的影响。

现在我们带着这些知识点来分析下面的绘图。这些绘图我已经打乱了序号，但它们都是你们刚刚画的，除了我和绘图者本人，其他学员并不知道它的作者是谁。

互动环节

图 2-13　绘图分析 1

东叔：Andy，请问图2-13你能看出什么？请只限于我们刚才讲的内容进行分析。

Andy：这张图很大，所以这个人想"撑出比他自己更好的样子"。从树的形状看，这个人还挺上进的。

东叔：还有什么？

Andy：他对自己立足的能力不自信。

东叔：这种芭蕉叶其实并不是往上长的，尽管它没有笔直向下，但它却是下垂的，所以这个绘图的人其实不太有上进心。

Andy：是。

东叔：我们来看下一张绘图。Rain，从图2-14中，你能看出什么吗？

图2-14 绘图分析2

Rain：这张图上人和太阳都没有，只有一座房子，房子上面还有几个圆圈。

东叔：圆圈是窗户。

Rain：我发现它有涂改的地方，并且涂改基本上是靠左边的，所以绘图的人在情感上可能有几段放不下的心结。

东叔：非常好。需要注意的是，这种放不下的情感（情绪）或心结不一定是前女友、前男友，也可能是妈妈或者其他人，总之绘图的人有心结，而且比较明显。

Rain：我发现这张纸是竖着画的。

东叔：是的。这个人如果是单身的是没有问题的，只表示他对单身的现状不满，想改变这种状态。如果这个人目前是在恋爱中或者婚姻中，则表示他对当前状态不满、想要改变状态，这是要引起我们重视的。

图2-15 绘图分析3

我们继续。小美，从图2-15中你能看出什么？

小美：这张图是竖着画的，对吧？

东叔：对，它是竖着的，说明绘图的人对自己当前的状况不满意，想要改变。

小美：这张图超出了2/3的画面，所以绘图的人有点过度表现。房子附近的线条有一些笔迹过淡。

东叔：人的背后有很多淡的笔迹,这些铅笔印是淡的。

小美：如果是这样的话,我感觉这些地方是有涂改的。围绕在图案周边的全都是那种竖线,这些也算是涂改,对吗?

东叔：这种也算涂改。

小美：他应该是有很多心结,有很多放不下的情绪。

东叔：这个人没有腿,这代表什么呢?

小美：那是人吗?我没看出来。

东叔：那是个侧脸打领带的人,手指向房子。

小美：如果没腿的话,代表绘图的人对自己的立足能力不自信。

东叔：我给你们解密一点点绘图的人的情况。这个人大学毕业以后去了一家不错的公司,但赚的钱完全不够他生活,所以他不觉得自己能够立足。

图 2—16　绘图分析 4

我们继续。境,你能分析一下图 2—16 吗?

境：我首先看到左边有一个太阳,说明绘图的人在感情上依赖某个权威人物。

东叔：是的，受到权威人物的影响，同时还依赖这个权威人物。

境：这个人画的手和腿好像都还蛮粗壮的，对吧？说明他对自己能力和立足的本领有自信。这棵圣诞树是向上的，所以他是个积极的人。房子有烟囱在冒烟，但情况还好。另外，整个图好像超过了纸的2/3，所以这个人稍微有点过度表现自己。

东叔：很好。这张绘图表现出绘图的人目前有一点问题，但可以解决它，属于非常早期的问题。

图 2—17　绘图分析 5

我们继续练习。Sam，请分析一下图 2—17。

Sam：这张图整体过大，绘图的人有点过度表现自己。人没有画脚，所以立足能力不足。树木还是积极向上的，没有涂改痕迹。

东叔：其实绘图大于 2/3 的人都应该引起我们的高度关注。好，我们继续。

图 2—18　绘图分析 6

广，请分析图 2-18。

广：绘图大于 2/3，说明绘图的人表现欲比较强。

东叔：不一定是表现欲，绘图的人是想要表现出一个更好的状态来。

广：手小，脚小。

东叔：手和脚代表什么？

广：行动力。

东叔：不，手代表本领，通常是专业本领，是指日常用得到的本领。如果手画得小，表示指绘图者觉得自己日常要用的本领不足。脚是立足，也是本领，但通常是指赚钱的本领和社会地位等。绘图者对自己这两方面的本领都不自信。

广：图中有烟囱，是不是代表这个人有烦心事，比如家庭关系紧张，但应对得挺好？

东叔：这个人的家庭应该正在争吵中，但他有正常的疏通渠道，所以问题不大。你还看得出什么？

广：右边是个月亮，是吗？月亮代表什么？

东叔：今天教的内容是简化版绘图分析，所以大家暂时还无法分析月亮。如果完整地学会绘图分析的话，你会发现月亮其实代表这个人内心有些孤单。

如果做一个完整的绘图分析，图 2－19 我们能看出什么？这张图我来分析、演示一下。

图 2—19　绘图分析 7

这个人（绘图者）在理性世界受到权威人物的影响，而且未来还依靠这个权威人物。这个人对未来有一些计划，但没有想法，这些计划不会落实，最终会像浮云一样。这个人在情感上有 4 个心结，如果不梳理好将来会影响感情。还可以看出这个人成长的过程中家境比较贫寒，他认为自己现在发展得还不错，但发展的状态还没有变成眼下自己最认可的状态。

当下这个人又忙又有各种各样的情绪，这些情绪是跟家庭和交友相关的沟通问题。现在他的家庭关系非常紧张，但有一个正常的疏通渠道。这个人的核心问题在于别人不能走进他的心扉，他也不去观察别人。另外，这个人对家庭本身的未来设定和计划也不足。

这个人擅长跟别人沟通，但沟通能力一般。另外他觉得自己的本领一般，立足于社会的手段一般，做事情比较坚持，为人正直，有点小脾气。

如果我们能把绘图分析完整地学一下，我们还能看出很多东西，不过眼下我们只研究这个人是否自卑。

二、笔迹分析

现在我们来讲笔迹分析。

请大家先花一分钟的时间做一件事情：拿起笔在一个方框里面签个名，像你平时签名那样正常写就好。

笔迹分析是博大精深的，我们只讲其中跟自信有关、跟人际关系有关的内容。我还是先跟大家讲几个关键的分析点。

1. 签字上方没有空隙

我们现在讲的是初级的笔迹分析，所以所有的签字都会在一个方框里面进行。上方是指这个字与框架上面的间隙。这个字如果顶着框的上方，就是上方没有间隙，代表这个人（签字者）对上级（领导、长辈等）不留余地，会有顶撞的情况出现——顶撞可以是言语，也可以是行为。

你们在招聘员工时，如果发现对方签了个顶天立地的签名，这个人将来大概率是不太服管的。你们可以看一下自己的签字。如果你签出来的是一个顶天立地的字，请思考一下自己跟父母的关系或者跟领导的关系，是不是偶尔会有顶撞的情况出现？这个顶撞可能是言语，也可能是行为。图2-20是我的归纳。

上方

- 签字上方几乎没有空隙，顶着上面
- 上面代表领导或者长辈
  顶着上面则代表不给上面留余地，或者有顶撞的情况出现
- 顶撞可以是言语，也可以是行为

图 2－20　签字上方没有空隙

2. 签字下方没有空隙

有上方自然就有下方，它是同样的逻辑。如果签字顶着框的下方，让下方没有空隙，则代表这个人对下属、晚辈等比较严厉。图 2－21 是我的归纳。

下方

- 签字下方几乎没有空隙，顶着下面
- 下面代表下属、晚辈等
- 顶着下面表示对下属或者晚辈很严厉

图 2－21　签字下方没有空隙

3. 签字的左边没有空隙

左边是指什么？左边是指做一件事情的计划。如果签字顶着左边的框，这就表示这个签字的人计划性不足。与左边方框间的距离越大，表示他做事情的计划性就越强。图 2－22 是我的归纳。

左方

- 签字靠左，左边几乎没有空隙，代表做事计划性不足
- 左边代表做事情的计划，有空隙则是有计划
- 左边的空隙越大表示做事情的计划性越强

图 2－22　签字的左边没有空隙

4. 签字的右边没有空隙

右边代表的是结果、余地和分享。签字右边的空间大，表示容易达成结果，而且乐于跟人分享。图 2-23 是我的归纳。

右方

- 右边代表做事情的结果和余地
- 签字顶着右边，表示为了结果会不择手段，即做事情不留余地，包括对合伙人不留余地
- 右边的空隙大，则表示乐于跟人分享

图 2－23　签字的右边没有空隙

5. 签字的倾斜方向

倾斜方向是指签字是往上倾斜的还是往下倾斜的。倾斜方向代表这人在走上坡路或是下坡路，或者说生活状态在走上坡路还是下坡路，也可以理解成他的心态在往上还是往下——基本上心态也会影响他的生活方向。图 2-24 是我的归纳。

倾斜方向

- 字往上斜：表示斗志昂扬，对未来有期待和有信心，生活也在逐渐变好
- 字往下斜：表示有消极心态，有些泄气，在走下坡路

图 2－24　签字的倾斜方向

6. 字间隙

字间隙是指每个字之间的空隙。没间隙代表人际关系紧张，有间隙说明人际关系正常。图 2－25 是我的归纳。

字间隙

- 字与字之间的间隙太大，表示不善交际，喜欢孤独一人
- 字与字之间的间隙太小，一个字挨着一个字，表示做人太计较，容易跟人关系紧张

图 2－25　字间隙

7. 字很怪

字很怪，这个很难跟大家解释，我给大家举一个例子。我们来看图 2－26 的签名。

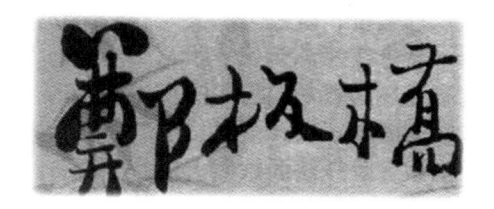

图 2－26　签名举例 1

图 2-26 的签字有大有小，字形比较怪，古人称为"乱石铺路"。字怪代表脾气怪，不一定脾气坏，性格古怪的人与人沟通的时候可能会有问题，图 2-27 是我的归纳。

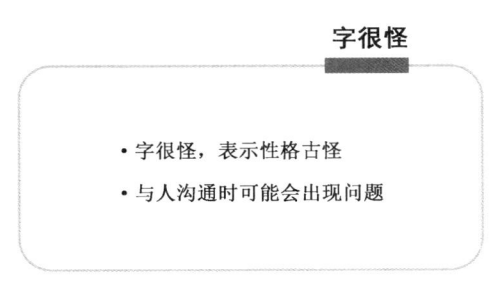

字很怪

- 字很怪，表示性格古怪
- 与人沟通时可能会出现问题

图 2-27　字很怪

8. 字很花

生活中我们会看到很多人签字好像是乱涂一圈，根本看不清楚他在写什么，这就是字很花，我们称为张扬。

图 2-28　签名举例 2

字很花表示他希望受到关注，很多明星的签字是花的，如图 2-28。图 2-29 是我的归纳。

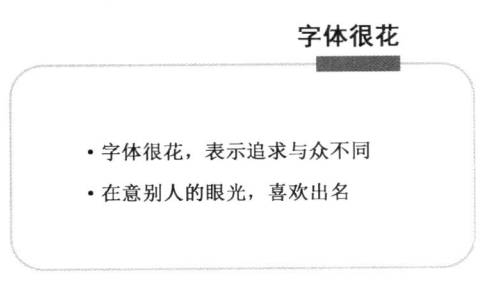

字体很花

- 字体很花，表示追求与众不同
- 在意别人的眼光，喜欢出名

图 2-29　字体很花

以上是绘图分析和笔迹分析的初步知识。学会它们可以让我们快速识别一个人的基本特征,特别是他是否有自卑情绪。现在请大家讨论一个问题:识别自卑者对我们有什么用?

🎤 互动环节

　　Andy:识别自卑者的第一个作用当然是帮助我们避开过于自卑的人,避免受到太多的伤害。

　　白龙:如果这个人是跟你很亲近的人,发现他有自卑情绪,你要去帮助他。如果在职场,遇到一个绘图是竖着的,就要远离他。

　　东叔:Rain,你怎么想?

　　Rain:我也是这个想法,去帮助他,但是我感觉这个方法并不是很好。

　　东叔:为什么?

　　Rain:我的前男友就是比较自卑的,但我还是对他念念不忘。即使识别出来他是个自卑者也没有用,我还是喜欢他。

　　东叔:识别出来也没什么用是什么意思?

　　Rain:就是说我内心还是觉得挺喜欢这个人的。就算我狠心把这个人甩掉,我的下一个男友也还是自卑的。这是为什么?

　　东叔:这是一个好问题,我们在后面的课程里会讨论这个问题。我们先听听其他人的分享。广,你怎么想?

　　广:可以对症下药。就是说假如你发现对方是个自卑者,而你又想发展这段关系,你可以好好鼓励他,帮助他提升自信心。

　　东叔:有意思的想法。境,你怎么想?

　　境:刚才讲识别自卑的人以后可以鼓励他和表扬他,但我觉得作用不会很大。假如我们发现身边不断地出现自卑者,说明自己可能在某些方面也存在问题,需要提升。

　　东叔:太棒了,这才是重点。Sam,你怎么想?

Sam：识别自卑者能帮助我们更好地看清自己。

东叔：讲得特别好。

现在我们来讲一下识别自卑者的用途。刚才我们在极短时间内学了一些识人的本领，主要是识别自卑者的本领。如果你和对方只是短时间的接触，比如你是招聘面试官，或者你打算相亲或者交个新朋友，这种识别的本领很有用，它可以让你避开一些坑。

一旦走远了，你会发现这个本领其实没什么用。为什么没用呢？比如说一个女生谈了一个男朋友，她发现对方很自卑，不适合自己，于是同他分手了。分手后她又谈了一个男朋友，结果她发现这个男朋友还是自卑的，与前一个男朋友相比，他只是自卑的内容不同而已。时间久了她会发现，生命中遇到的困难总会换汤不换药地回到自己的身边来，换言之，她总会遇到相似的问题。

今天的课程开始时，我让大家画了画，签了字，然后，我们学习了绘图分析和笔迹分析。你们知道我为什么这么安排吗？

我是想通过这种方法让大家看到自己身上存在的问题。识别别人自卑的真正意义是反思自己在哪些地方需要提升——唯有变成更好的自己，我们才能够吸引更好的追求者，或更好的亲密关系相处者。换言之，你拥有什么样的亲密关系其实取决于你现在是什么样的状态。

今天教给大家的绘图分析和笔迹分析的方法和本领仅仅是为了好玩，我的目的是通过自己的绘画和签字，让大家能够看到自己身上存在的问题。在接下来的课程中，我们将一点一点地有针对性地去解决这些问题。唯有这样，你们才会拥有更好的亲密关系。

—— 🎤 **互动环节** ——————————————————

东叔：最后我想听一下大家对今天课程的感受。Andy 先开始。

Andy：我觉得今天的课程内容蛮实用的，后面的总结对我也蛮有感触的，也可以用来反观一下自己。

Sam：我觉得今天的内容挺有趣的，第一次听。

小美：签字分析其实我之前学过，绘图分析对我来说挺有趣的，因为有某个点代表我挺有脾气的，这一点一般人是看不出来的，我就很好奇东叔到底是从哪个点看出来我挺有脾气的？

东叔：绘图分析不但能看出你的脾气，而且还有一系列你难以想象的内容可以看出来。脾气这一块主要是看图画的比例和对称性，你有兴趣的话，可以看我的一些其他课程内容。

白龙：我联想到了我弟——就是房子上面烟囱的问题。我一直纠结在我弟的错误上——我想要改变他，其实更应该改变的是我自己。

东叔：是的。那么你对自己哪里不满意？

白龙：我不清楚，他自卑总不能说我也自卑吧？

东叔：他的自卑，他跟你不沟通，让你哪里不开心了？这是我们接下来两节课里面会重点研究的，改变自己才可以改变他人。Rain，你怎么想？

Rain：我看到绘图分析的结果很惊讶，因为这个纸张我确实是竖过来画的，而我目前正在计划搬家，也已经换了工作，因此我觉得分析得还是非常准的。我想知道我在房子的楼梯处有涂改意味着什么？

东叔：我没有看过你的图画，所以我不知道。一般来说，楼梯处的涂改意味着别人跟你交朋友、试图走进你心扉的时候，会给你留下心结，或者某些一度跟你有过亲密关系的人给你留下了心结，差不多是这个意思。

Rain：好准，但好烦呐。

东叔：不烦，找到问题，然后一点点地解决。我们今天才第二节课，先把问题找出来，下节课我们还要接着找问题的，要精准地找到问题，这样才能精准地、有针对性地去解决问题。坦诚面对自己的问题是重要的。

Rain：好的，我知道了。

东叔：境，你怎么想？

境：我想知道恋爱中的"海王"的性格中有没有自卑的因素？

东叔：所有"海王"骨子里都是自卑的。

境：所有的"海王"都是自卑的？

东叔：是的，我解释一下你就明白了。打个比方，一个矮个子遇到一个高个子的时候，一般来说，矮个子会有三种反应：第一种反应是让对方变矮，第二种是自己走开，第三种是想办法把自己垫高。把对方变矮的方法通常是打击别人——有若干种打击别人的方法，比如在言语上贬低对方，在肉体上侵害对方，心灵上伤害对方。"海王"通常是在心灵上伤害对方——除了你，我还要同时再找一个或者多个恋爱对象。我可能没有你高，但我有两个或者多个恋爱对象，你不是我的唯一！

我总结下来，几乎所有的出轨事件都是基于这样的逻辑出现的。因为自信心不足，他们需要更多的人、事、物来支撑自己的自信，所以他们会用各种方式来伤害自己的恋人或者伴侣——或疏远你，或在你面前拼命装，不断地抬高自己。一段不好的亲密关系中的背叛、伤害、家暴（包括冷暴力），这些其实都是源自一个核心因素——自卑。

根据我的观察，几乎所有的出轨者和"海王"都是自卑者。我们仅仅学会识别自卑者其实是不够的，在亲密关系的建设中，它的作用是不大的。如果我们不能把自己的状态调整到更好，我们就不能保证我们的下一个恋爱对象就是好的。所以，把自己变成更好的自己，保证自己未来的情感和亲密关系会越来越好，是这堂课更重要的思想。境，这么说你理解了吗？

境：所有的"海王"都是源于自卑，这个我能理解，但是不是所有自卑的人都会成为"海王"？

东叔：所有的"海王"本质上都是自卑者，这是肯定的，但一个人自卑的表现形式不一定是成为"海王"，他可以是一个有暴力（冷暴力）倾向的人，可以是一个逃避者，可以是一个装腔作势的人，可以是一个过分在意别人对自己看法的人，等等。所以，并不是所有的自卑者都会成为"海王"。

03　找到卡点：学会短期和长期亲密关系的建立

> 如果希望跟别人建立长期的亲密关系，我们就要让自己更自信。我们要从不爱自己的点突破，变成更好的自己。有时候，一点点心态的改变就可以对我们的整个人生和我们所接触的人产生波浪式的大幅度的影响。如果我们能够找到不够爱自己的点，并且努力改变它，我们的生活往往会发生翻天覆地的变化。
>
> 希望大家能够从改变心态开始，打磨一个更好的自己。

我们在前面的课程中讲了亲密关系的本质，并且教会了大家如何识别亲密关系中的自卑者。大家可能会问：亲密关系应该如何建立呢？换言之，假设我遇到了一个人，我想要和他建立一种亲密关系，这种关系可以是恋人关系，可以是非血缘的父母子女关系，可以是我们与客户之间的关系，总之，这个人可以是任何我想要和他建立亲密关系的对象，我该怎么做？

我们今天先从建立短期亲密关系的方法开始，然后过渡到建立长期亲密关系的方法——长期亲密关系的建立是我们今天课程的核心内容。

一、短期建立亲密关系的方法

短期建立亲密关系比较有效的是镜面模仿法。

心理学研究发现，人喜欢和自己相像的人。这就是两个陌生人套近乎的时候经常会问对方是哪里人，或是哪个学校毕业的等问题的原因。因为我们需要找彼此的相似点、共同点。基于这个原因，如果你想在短时间内和某个人建立亲密关系,你可以在短时间内努力让自己在某方面变得跟他相像,这样他就会下意识地喜欢你。

镜面模仿法是这样的:你要像镜子一样反着模仿对方的姿势。这句话有点难懂,我来解释一下。我们的目的是让对方觉得你的姿势跟他是一样的。当你的姿势跟对方一样的时候,他会觉得你很亲切,觉得你们好像在哪里见过。

基于这样的逻辑,你要模仿他的姿势,注意,是姿势不是动作。换言之,当对方动一下,如果你也模仿他动一下,那就很容易穿帮。对方停下来后固定的姿势才是你的模仿内容。比如对方双手抱臂,你也双手抱臂;对方头轻轻靠右,你要头轻轻靠左。总之,要像他在照镜子一样。因为镜子里的动作方向是反的,所以当对方的左手放在右手的上面时,你要把右手放在左手的上面,像镜子一样反着模仿对方的姿势。如果对方突然换了个姿势,你等几秒钟,确认所有的动作反着该怎么摆了,你就自然地换了一个新的动作,像镜子一样反着模仿对方的姿势。这样操作几分钟以后,对方会觉得这人有点亲切,让我有熟悉感,我们可能是有缘分的。心理学上的某些制造缘分的方法就是镜面模仿法,它可以帮助我们和对方在短期建立一种亲密关系,之后的沟通会因此变得更容易一些。

镜面模仿法听上去很有意思,但它不是建立亲密关系的好方法。它只是短时间内把自己装扮成一个能够吸引对方的状态,因为这种状态不能长期保持,所以它只会在短时期内有效。如果你有一个特别想要谈成的订单客户,或者想短时间跟老板沟通某件事情,这个方法是勉强可以用用的。如果你想要跟一个你在乎的人建立长久的亲密关系,这个方法是不合适的,因为你只是在模仿别人,并没有提升自己。

二、长期亲密关系的建立

如果我们想要建立长期的亲密关系,应该怎么做呢?

前两天的课程中,我们讨论过自卑这个问题,我当时给过你们建议,尽量不直接使用"自卑"这个词,我们换一种说法,叫"不自信"。如果我们不够自信,没有跟自己建立好亲密关系,不够爱自己,那么我们就无法吸引一个跟自己的愿望匹配的人,因为"人喜欢和自己相像的人"。如果我们不自信,不爱自己,只会吸引另外一个同样不爱自己的追求者。

所以,如果我们希望跟别人建立长期的亲密关系,我们就要让自己更自信。

让自己自信的第一步是自省:我是不是不够爱自己?然后用一些方法帮助自己找到不够爱自己的地方,再有针对性地努力并改变。也就是说,我们要从不爱自己的点突破,直到变成更好的自己。

图3-1是建立长期亲密关系的方法。

```
        与自己建立亲密         02          用方法找到不爱         03
           关系                              自己的点

        01    内省                      04    有针对性地努力并
           "我是否足够爱自己"                    改变
```

图3—1　建立长期亲密关系的方法

为了讲清楚这个问题,我给你们讲一个小故事。需要说明的是,以下内容与宗教信仰无关,仅用来举例,让你们明白改变心态的重要性。

有一次,我去寺庙跟一位方丈聊天,他讲到金刚布施、法布施和财布施。他说财布施是捐钱,法布施是教方法,金刚布施(也称无畏布施)是让你的心态变得更好,像金刚一样无坚不摧,让你的意志变得更坚定。

方丈告诉我,法布施比财布施好,金刚布施比法布施好。我问为什么。方丈说,我捐给你钱,你花掉了,我对你的帮助到此为止。法布施不一样,法布施是教方法。我教你一个方法,你可以用一辈子,哪怕是很简单的方法,比如我告诉你过路口要左右看一看,这样会更安全。从此每一次过路口你都会采用这个方法让自己更加安全。同时,你也会将这个方法告诉周围的人,影响周围的人,这就是为什么法布施比财布施要好得多的原因。金刚布施是什么？它是心态的改变。过路口要谨慎,要左右看,你真的做到了,并且从心态上改变了,你变成了一个做事很谨慎的人——不单单是过路口,你在学业上,在恋爱中,在职场上,在亲密关系的处理上,小到解一道数学题,大到追求一个人生目标,你都会变得更加严谨。这种严谨会让你受益无穷。

这一点点心态的改变,对你的整个人生,对和你接触的所有人会有波浪式的大幅度的影响。所以,如果我们能够在自己的身上找到不够爱自己的点,并且努力改变它,我们的生活往往会发生翻天覆地的变化。

那么,有什么方法能够帮助我们找到不爱自己的点呢？有什么方法可以帮助我们找到自己"不自信"的点呢？

请大家把前两天的回家作业和课上的绘图及签字拿出来,我来帮助你们从绘图和签字中找到自己需要突破的点。考虑到这些绘图和签字会针对你们每个人,所以我们在课堂上不展示具体的图片,你们只要拿着自己的画或者签字,听我分析就可以了。

互动环节

东叔：我们先从 Andy 开始。Andy,请拿出你的画。

Andy：我拿好了。

东叔：从这幅画可以看出你的很多优点,正直,心态好,敞开心扉,等等,这些我就不多说了。有两个需要修正的地方,我们不说它们是缺点,我们说是可以提升的点。

你画的房子的门是关着的,窗户也是关着的,所以更多、更主动地跟别人沟通,敞开心扉,对你会更好。图的正上方代表未来,图中对未来的设定太少了,所以有更多的计划对你而言会更好。从签字看,你的生活在缓慢地变好。签名的两个字分得很开,所以你要学会主动地接近别人。如果用一句话来总结你需要提高的地方的话,应该是沟通并执行计划,即设定计划,主动沟通。

Andy:我最近在计划的执行方面的确有蛮多事情要做的。

东叔:很棒,请努力。

东叔:我们来看下一个同学的绘图和签字。Sam,我看看你的画。

Sam:我准备好了。

东叔:你看,图中有两棵柳树。柳树代表的是躺平,提示你不够有上进心。图的右上角有一个太阳。当下对你而言最重要的事情是摆脱右上角的太阳,也就是权威人物对你的影响,同时要更加努力,特别是要有上进心。

Sam:明白,我会努力的,谢谢。

东叔:好,我们看下一位同学的绘图和签字,小美。

小美:我在。

东叔:请看一下你的画。我们知道房子是家庭的意思,对不对?房子的门代表敞开心扉,窗户代表观察别人,烟囱代表情绪释放的点,而这三点你都没有做到,即你不够敞开心扉,观察别人也不够,有情绪也无处释放。基于这三点,我觉得你需要更多地跟别人沟通彼此的需求。之前我们私底下聊天的时候,我也曾建议你去面试,去表达你的需求,了解别人的需求,然后有针对性地去准备,这样你的生活就会越来越好。

你可以试试"跟问题对象直接沟通需求"。从你的绘图上看,我猜你就算跟别人沟通,也不是跟问题对象直接沟通。比如说你要跟爸爸沟通,可能会拐弯抹角地找妈妈沟通。让妈妈传话给爸爸,或者你只是给爸爸发个微信——反正不直接地跟他沟通,是不是这样?

小美:对对对!

东叔:我猜沟通的内容也都是:你好吗?天气好吗?你的狗好吗?而不是你的需求——而事实上你是有需求的,对吧?所以,小美,你一定要学会跟问题对象直接沟通需求,这是你需要突破的点。

小美:理解了。老师,我还有一个问题,就是我有时候在工作上不太愿意跟大家一起玩。比如,有时候大家在一起聊天聊得蛮开心的,但我不太愿意加入。我觉得自己不加入好像有点不好,但是我只想自己待着。

东叔:你觉得这样有什么不好?

小美:我担心别人会觉得我太不合群。

东叔:不管你心中怎么觉得,解决的方法还是跟问题对象直接沟通,你就直白地问他们:"你们有没有觉得我有一点点不合群?"然后他们很可能会跟你讲一大堆他们也觉得自己不合群的故事。

东叔:好,接下来是广的绘图和签字。你看,门是关着的,说明你不够敞开心扉;窗户也是关着的,说明你观察别人不够。另外,门下面有个门槛,这代表任何人跟你交朋友都是要跨过这个门槛的——不是谁都可以能跟你交成朋友的。同时,在敞开心扉这一块你是有心结的,因为在这里你涂黑了。所以我觉得你的核心问题是沟通。另外,你看,图中间有两个人,他们都是手小和脚小的,这表示你对自己能力和立足基础的不自信。换言之,你经常在这些方面攻击自己。

所以,你要学会夸别人和夸自己,这是能做到的,可操作的。为什么要这样做呢?因为从绘图分析来看,你经常进行自我攻击。比如说你前几天相亲,明明对方已经表示了对你的好感,你的第一反应却是:"真的吗?我配吗?"这其实也是一种自我攻击,所以要从夸奖的角度来化解。

广:真的呢,我感觉有点蒙。

东叔:你在诋毁你自己,认为"我不配",这是一种认知。把它改成夸奖就好了,改成"我当然配""我值得拥有最好的"。

广:我想问一下,具体夸奖自己和别人的哪些方面呢?

东叔：这个问题问得非常好。因为你对夸奖自己和别人都还不够熟练，所以我觉得你可以先从身份开始夸奖。夸奖身份很简单，比如我是你的老师，你就夸我，说你是一个好老师；碰到你妈妈，你就对她说：你是一个好妈妈；碰到领导，你就对他说你是一个好领导——每个人不自信的点是不一样的，但身份认同感会囊括所有的点。所以如果你不知道该怎么夸别人的话，夸他的身份就好了。同时你还可以夸自己的身份。

接下来是境。

境：我已经拿好我的画了。

东叔：好，我们一起看一下这幅画。画面的正左方有涂改，代表有没有放下的情感或者感情伤口，你的这个涂改就是情绪上的伤口。因为这伤口在太阳上。所以连在一起的话，你要做的第一件事情就是"放下这个权威人物对自己情感上的影响"。

这个权威人物可以是你的父母、祖父母，可以是任何对你有权威人物的状态的人，你自己应该可以找到这个人物是谁。你要做的第一件事情应该是消除这个权威人物对自己情感上的影响。另外，你的这个房子是有两个房顶的，房顶代表什么？房顶代表未来，代表对家庭未来的设定。

有两个房顶代表你对家庭的未来有两个方向的设定，你还没有选好要向哪个方向，所以，在这里提醒你要做"事后认可的选择"，这是你要做的第二件事情。

境：明白了。

东叔：我们来看白龙的绘图，它提醒的应该是进行正向的沟通。此前的讨论中你曾经提到自己跟弟弟的关系不够好，所以归纳下来应该是需要"充满爱地跟问题对象沟通"。

白龙：好的。

东叔：接下来看一下 Rain 的绘图。首先，这幅画是竖着画的，在这里我想为你鼓鼓掌。因为画纸竖起来的正常状况是表示想要改变。想要改变不一定是好事,也不一定是坏事,它是好事还是坏事取决于你原来的状态。你之前的状态不算好,所以当你想要改变时,它就是特别好的事情。

在同一时间我还看到这中间有人。我们上次讲到人的手小和脚小,是对自己的不自信,认为自己能力不足和立足的本领不足等。从图中可以看出,在你的生命中有很多人在语言上攻击你,你自己也经常在语言上攻击自己,为了扭转这一切,夸奖自己、夸奖别人是至关重要的。此外,你还应该有更多的上进心。你的这张纸已经竖起来了,说明你已经想要改变了,目前还差一点点上进心,所以努力上进是你需要提升的点。

Rain:谢谢东叔。

现在你们每个人都知道需要突破和提升的点了。Andy 是设定计划,主动沟通计划并执行计划。Sam 是摆脱权威人物对自己的影响,努力拥有上进心。小美是跟问题对象直接沟通需求。广是夸奖彼此和交换彼此的需求。境是做事后认可的选择,放下权威人物对自己情感上的影响。白龙是进行正向的沟通,需要充满爱地跟问题对象沟通。Rain 是努力上进,对人对己都要做到夸奖和认可。

接下来请大家分享一下今天课程学习的感受。

互动环节

Andy:我今天的感受就是更加明白自己将来具体要做的事情了,不像以前总觉得有好多事情要做,心很累,现在把范围缩得很小,觉得会比较清晰。

东叔:非常棒。Sam,你怎么想?

Sam:我在想绘图分析,我已想明白那个太阳是谁了,我觉得还挺有意思的。

东叔：绘图分析课上我至少看了上千张学员的绘图，但我只看到过三张图中有柳树，你的是其中之一。

Sam：还挺真实的。

东叔：你方方面面都很棒，确实有躺平的资本，但人生是所学校，再好的学生不读书也会被批评的，所以我们要继续努力，变成更好的自己。

Sam：我现在已经没有资本躺平了。

东叔：只要继续努力，你会把这些资本都拿回来的。你可以设定一个把资本拿回来的愿望，然后突破前面我们说过的那两点，让这个愿望成真。

今天的课就到这里。希望大家能够从改变心态开始，打磨一个更好的自己。

04 剖析卡点：记住亲密关系的三个核心要素

> 每个人骨子里都是善良的，怎么判断我们当下正在做的某件事情是不是善良的？行善的时候如果感觉很累，这还是善良吗？善良不仅是简单的付出，它讲究的是一种平衡。如果我们所爱的人也支持我们的行动，那么对我们而言，这个行动就是善良的，否则就不是真正意义上的善良。
>
> 在我们突破自我，不断提升的过程中，一定要记住信念、善良和能力这三个核心要素，它们不仅是我们追求亲密关系的三个要素，也是我们获得幸福与成功的三个要素。

今天我们讲追求亲密关系的三个核心要素。今天的课程内容非常有趣，我们将在几个真实的案例故事中学习我们想要了解的内容。

大学毕业5年后，我参加了一场同学会，感触良多，毕业仅5年，不少当时一起读书的伙伴情况已经大不相同。今天的课程中我会一个个讲他们的故事，我主要讲他们22岁时的情况和27岁时的情况，你们可以通过他们22岁时的性格分析他们27岁时的发展情况，看看他们的成功有没有共性，他们的失败有没有形迹可循。

1. 薛同学

薛同学读大学时自学西班牙语3年。大学期间，她遇到了一个她很喜欢的男生，于是直接向他表白，可男生拒绝了，说自己已经有女朋友了。薛同学没有放弃，此后她继续表白，男生再次拒绝。薛同学第三次表白，男生依然拒绝。薛同学锲而不舍，第四次表白，这一次，男生终于接受她了。大学期间还有一件有趣的事情是，有一次，薛同学看到两个有情人因为种种原因没有机会相互表白，便给他们各自送了一张电影票，创造机会让这对有情人一起看电影。

大学毕业 5 年后，我在同学会上再次见到薛同学时，她已经跟一个西班牙华人合伙开了一家小公司，一个月可以赚到 3000 欧元，那是 2000 年，月入 3000 欧元在当时是一个很不错的状态。

薛同学的情况如图 4−1 所示。

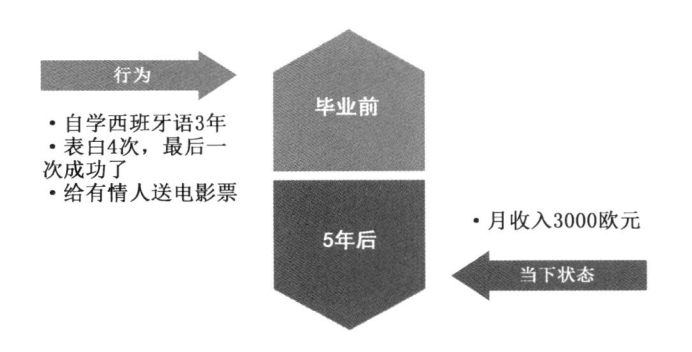

行为
- 自学西班牙语3年
- 表白4次，最后一次成功了
- 给有情人送电影票

毕业前

5年后

- 月收入3000欧元

当下状态

图 4−1　薛同学的情况

现在我们来分析一下薛同学是什么样的人，她有什么性格特征。

互动环节

Andy：我觉得薛同学是个很坚持，并且很有自己想法的人。

小美：我觉得她是一个很自信的人，她向喜欢的男生表白了 4 次，她不会因为别人拒绝就怀疑自己的魅力，她一直追求自己想要的东西。

白龙：她是比较自我的一个人。

东叔：请解释一下自我。

白龙：她可能在做很多选择的时候，会考虑自己多一点，不会在意其他人的想法。她的行为更符合现代人的特征,但好像不太符合一般人的道德准则。

东叔：广,你怎么看？

广：薛同学是一个坚持不懈,敢想敢干的人。

东叔：Rain,你怎么想？

Rain：薛同学一直追求自己想追求的,她一次次地向自己喜欢的男生表白,我觉得她很勇敢,不怕失败,这一点是我应该向她学习的。

东叔：还有吗？

Rain：她头脑活络,她坚持自己想学习的东西——自学西班牙语3年。她活成了她自己,所以我特别喜欢她。

东叔：挺好的。我看到你跟白龙的认知有一点点不一样。白龙认为对方既然有女朋友就不该追,因为这是不符合道德准则或者自己的认知的,你则认为接受与否是对方的选择,薛同学只是勇敢地表达自己,所以这个行为是没有问题的。我们继续,境,你怎么想？

境：薛同学是一个内心很强大的人,不管是在感情上还是在事业上。我觉得她的内心很强大,但我又总觉得好像这样生活——就是特别特别努力地追求一样东西——也挺累的。

我来总结一下,到目前为止我们得出的结论是:薛同学是一个努力的人,坚持的人,敢闯敢干的人,愿意表达需求的人,她的坚持和努力让她获得了爱情和财富。

接下来我们看第二个人的故事。

2. Lily

大学期间,Lily 的作息很有规律,每天起床和睡觉的时间都不怎么变,她会准时做各种事情,说几点做什么就几点做什么,做事很有计划。另外,她在食堂吃饭的菜谱也很少变化,基本上一日三餐的饭菜品种都是固定的。

刚上学的时候,她有一个男朋友,对方是华裔富二代。她的男朋友很真诚地想要跟她交往,把婚房都准备好了,并且已经过户到她的名下。Lily 是一个很有经济头脑的人,她是行动派,她把这套婚房抵押给银行,贷款买了新的房子。等房子涨价后,她再抵押,再买房,如此反复。到大三的时候,她已经赚了足够多的钱,但她跟男朋友的关系没有能够继续发展下去。后来她选择还了一套更好的房子给她的男朋友作为告别的礼物。

5 年以后我再次碰到 Lily 的时候,她已经在上海拥有好几套高端的房产,资产总值超过了亿元。当时 Lily 是单身的状态,她比薛同学的财富状况更好一些,至于她在感情上是否顺利,我不清楚。

图 4-2 是 Lily 的情况。

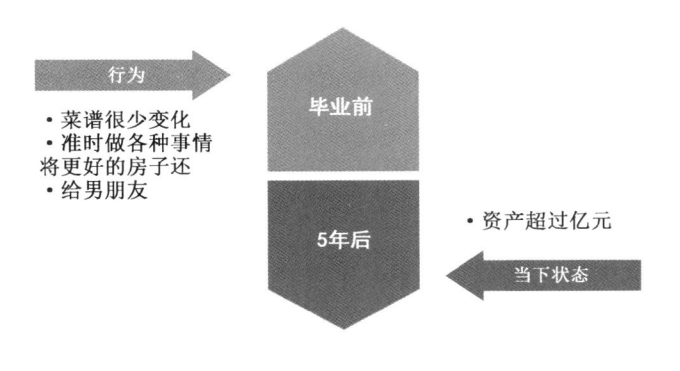

图 4－2　Lily 的情况

现在我们来分析一下 Lily 是什么样的人,她有什么性格特征。

互动环节

东叔:Andy,你怎么看 Lily 这个人?

Andy:我觉得 Lily 做事挺有规划的,而且还挺大气的。

东叔:正如我所说,你们在别人身上会看到自己的投影。规划其实是你需要提升的点,而不是 Lily 需要提升的点,但你在 Lily 身上第一眼就看到了她的规划，看到她执行计划的能力，说明她在这方面的表现是你认可的，也是你需要学习的。很棒。Sam，你怎么想？

Sam：我觉得她很厉害。

东叔：她厉害在哪里？

Sam：有目标。

东叔：Lily 的行动力是你需要学习的。面对同样一个人，我们每个人看到的点是不一样的，就好像你跟 Andy 两个人坐公共汽车，然后汽车撞到树上了。Andy 抱怨的可能是这个司机一点规划都没有，你抱怨的可能是这个司机怎么不好好提升开车技术，导致现在撞树了。注意，这是同一辆车，同一时刻，同一个司机让你们体验的同一个经历，但你们的判断和情绪却完全不同。所以每个人在经历同一件事情时看到的东西是不一样的，这一点我们在后面的课程中还会详细讲。我们继续。小美，你怎么想？

小美：我觉得 Lily 很会赚钱，对投资很敏感，但除此之外，又觉得她在生活中可能会有点无趣。

东叔：尽管我觉得这么说有点伤害你，但你一度也曾活在一个有些无趣和无聊的状态里。你是怎么走出来的？

小美：其实我现在也还觉得自己有点无趣和无聊。

东叔：所以你在 Lily 身上看到的无趣和无聊反射的是当下的自己，是不是很有意思？Andy、Sam 和小美，你们三个人看的是同一个人，但看到的却是不同的点。小美，你一定要看到 Lily 在赚钱这件事情上表现出的激情，在赚钱方面她不仅努力钻研，而且还很享受自己的努力。

小美：理解了。

东叔：白龙，你怎么想？

白龙：我感觉她这种生活挺不错的，因为她生活比较简单，所以她才能在工作中有更多的精力，能够很好地投入到工作中。她分手时还给她男朋友一套更好的房子,我感觉她蛮善良的,给人以"自己好,不如大家一起好"的那种共赢的感觉。

东叔:"共赢"让我想到之前我们找到的你需要提升的地方:跟亲人和家人建立更好的沟通关系,进行更有爱的沟通。广,你怎么看?

广:我觉得 Lily 极度自律,胆大心细,心灵孤单,目标远大。

东叔:你觉得她善良吗?

广:善良。

东叔:Rain,你怎么想?

Rain:我很欣赏 Lily,我觉得她非常有头脑,目标远大,她是那种很有魄力的人。她投资的时候可以把钱全部投出去,这是需要非常大的魄力和非常好的眼光的。她不想欠别人的,男朋友给她一套房,她加钱买新房子还他。她说分手就分手,非常果断。

东叔:境,你怎么想?

境:我感触最深的其实是她的准时,她应该是意志力很强的人,因为我自己是有拖延症的,所以我特别羡慕她的准时。

东叔:你觉得准时跟她获得财富有关联吗?

境:我觉得应该是有的。

接下来我们看第三个人的故事。

3. Sharon

上大学的时候,Sharon 比较懒,每天都是有人叫她才起床,否则就一直在床上赖着。但是,一旦她发现自己的成绩低于平均线了,就会拼命努力,她在短时间内的冲刺能力是相当强的。有一次考试,一共有 6 门课程。很多人都没能 6 门课全部通过考试,而她全部都考合格了,但其中有 3 门课只考了 60 分,结果没有能够拿到奖学金——她是当年唯一 6 门课全部及格却没有拿到奖学金的学生。

Sharon 毕业后的第一份工作薪资一般。到我们 5 年同学会的时候,她通过 3 次跳槽,月薪涨到了当时平均薪资的 1.3 倍——她觉得自己的工资比平均工资稍微高一点,这才有信心来参加同学会。

图 4-3 是 Sharon 的情况。

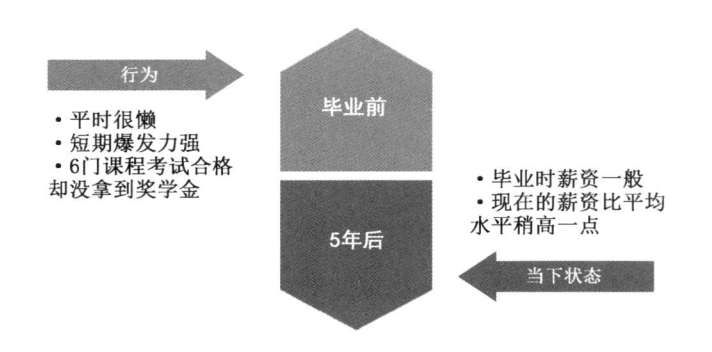

行为
- 平时很懒
- 短期爆发力强
- 6门课程考试合格却没拿到奖学金

毕业前

5年后

- 毕业时薪资一般
- 现在的薪资比平均水平稍高一点

当下状态

图 4—3 Sharon 的情况

现在我们来分析一下 Sharon 是什么样的人,她有什么性格特征。

互动环节

东叔:Andy,你怎么想?

Andy:首先,我觉得 Sharon 挺有爆发力的,每到考试的关键时刻,她都能正好达到或超过 60 分。其次,我觉得她挺满足于现状的,但是又比较遵守社会规则。

东叔:Sharon 跟 Lily 唯一的区别是,Lily 永远都觉得不够,但 Sharon 只要达到平均线就够了,这两个人都是有爆发力的,只是 Lily 一直在爆发,Sharon 是间歇性地爆发——只要低于平均线就爆发一下,是这样吗?

Andy:我觉得 Lily 是很有目标和追求的,她积极向上,知道要做什么,Sharon 比较满足于现状。

东叔：Sharon 也有目标和追求，这个目标和追求就是平均线。

Andy：对，她的目标和追求符合大众的普遍认同，但是 Lily 是有自己的目标和自己认为更好需要达到的更好的点。

东叔：Sam，你怎么想？

Sam：我觉得 Sharon 也不错。曾经有一段时间我也是这样的状态，觉得差不多就行了。

东叔：小美，你怎么想？

小美：我觉得 Sharon 是那种要跟别人比的心态，容易把自己搞得很焦虑。我感觉我跟她是有点像的，我也是容易去跟别人比，刚毕业的时候也是工资非常低的。我看她的故事还是蛮有共鸣的，但是我并不喜欢她这个人。

东叔：不喜欢她哪里？

小美：不做自己，感觉她好像只是因为要跟别人比才要去得到某些东西，并不是发自内心地想要去这么做。

东叔：不做自己，这个说法非常好。Sharon 是个躺平的人，但大家一定要清晰地看到躺平的过程中她并不是开心的，她只是对不开心这件事情有很大的容忍度而已。所以想要躺平的同学注意了，躺平没你想得那么开心。白龙，你怎么想？

白龙：我感觉她是个没啥追求的人，是那种被生活毒打了一顿再往前进一步的人，需要别人从后面推她的。

东叔：来，借此机会反思一下自己，你对自己未来的规划是什么？

白龙：我也是没啥要求的那种。

东叔：对，别变成 Sharon 那样，你是有点 Sharon 的样子的。你要规划一下自己的未来，让自己更有斗志一点。广，你怎么看？

广：我觉得 Sharon 是个得过且过的人。

东叔：你看到的点是得过且过。因为人总是会在别人身上感知到自己的缺点，所以，请反思一下自己有没有得过且过的问题。

广：有，一直有。那怎么改变呢？

东叔：你可以先从绘图分析时我给你的建议开始，也就是从夸别人和夸自己开始。你夸自己，说广是个什么样的人以后，如果事后做不到，你会感觉有一点点丢脸的。所以，反复夸了以后，你就不得不往这个方向前进了，而你一旦前进了，你会创造很多别人做不到的奇迹。Rain 怎么想？

Rain：我觉得 Sharon 在某个方面和我有点像。我工作方面的机遇还是比较好的，但我其实也是这种被机遇推着走的人。有时候会偷懒，有时会想躺平，遇到困难就想退缩，不想去面对。

东叔：我了解你们每一个人成长的卡点。没错，你有点想躺平，这点跟 Sharon 一样。这就是为什么你一度身体不好的时候来找我，问我该怎么办时，我说你去考 CFA（特许金融分析师）吧——这两者看似毫无关系，但挑战一下自己，你的状况就会变好，身心也会变好。你一定要明白，并不是你的机遇比别人好，而是你的努力创造了更好的机遇。

Rain：这倒也是。

东叔：境，你怎么想？

境：我看到的是如果自己够强大，生活就会改变。这就好像水面一样，自己的能力如果比生活的水面高，就能轻松自如地应对生活。如果自己的能力比生活弱，就会一次次地被生活教育。

东叔：我很喜欢"被生活教育"这句话。这就好像我们看到一个网页问题，我们只有像程序员一样先去研究它，才能从根源上去解决问题，也只有那样才能一通百通。这就是我们上节课讲到的——在最重要的地方做可能是微小的改变，但这个改变作为我们的"金刚布施"，往往会影响全局，影响我们的整个生活。

接下来我们看第四个人的故事。

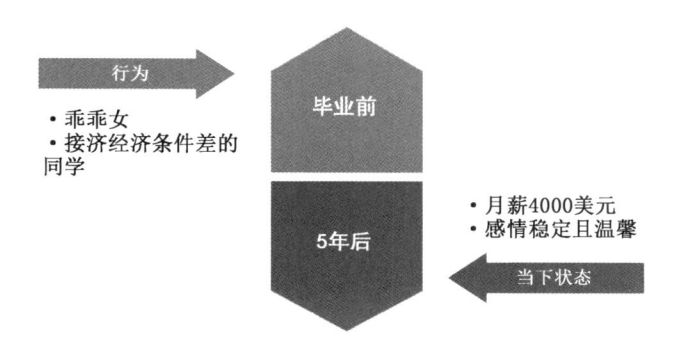

4. Jessica

Jessica 长得挺漂亮,她是一个乖乖女,生活得挺幸福。申请大学的时候,Jessica 同意父母帮她选择学校。读大学期间,Jessica 会去接济经济条件差的同学。

5 年后同学会上的 Jessica 收入在美国算中等偏上一点点的——月薪在 4000 美元左右。Jessica 的生活非常甜蜜,她跟男朋友的感情也很好。一天 8 小时的工作她在一小时内就能完成。她每年都会出去旅行,活得很滋润。Jessica 是我给你们讲的这些人里唯一感情稳定幸福的人。其他的人有事业成功的,有心态改变的,有社会地位提高的,但都没有达到感情幸福。

图 4-4 是 Jessica 的情况。

图 4-4 Jessica 的情况

现在我们来分析一下 Jessica 是什么样的人,她有什么性格特征。

🎤 互动环节

东叔:Andy,你怎么想?

Andy:我觉得 Jessica 是个善良并且挺知足常乐的人。

东叔:有的时候我不禁在想,如果 Jessica 保持她的善良,但拥有

Lily 的上进心，就会不那么知足。那样的话，她会不会既有好的感情，又有好的财富？你怎么想这件事情？

Andy：因为每个人都是特别的，她所要的东西和她的性格都是匹配好的，比如 Jessica 的知足常乐。如果 Jessica 一直追求更高的目标和更多的财富，也许她就没有那么多时间和男朋友煲电话粥了，他们的感情也许就没有那么甜蜜了。

东叔：既然讲到这里了，我们换个角度重新思考一下这件事情。在前面的课程中，我们讨论过 Sam 应该更加上进一些，小美应该更有大局观一些，白龙应该更努力更有计划一些，广应该从夸奖别人开始更加爱自己一些，诸如此类。你们每个人都有自己需要提升的点，这个点是我们上次用绘图和笔迹分析找出来的，并且得到了你们各自的认可。如果你们不在自己真正该努力的点上努力的话，往往很难进行自我的整体提升。

我们继续讨论 Jessica 的性格特征。广，你怎么想？

广：她满于现状，乐于分享生活点滴。

东叔：从 Jessica 的身上你能学到什么？

广：乐于分享的善良。

东叔：这是我们第二次提到善良了，所以我决定在这里展开讨论。什么是善良？扶老太太过马路算不算善良？在公交车上让座算不算善良？行善的时候如果自己感觉很累，这还是善良吗？怎么判断我们做的事情是善良的？我们每个人骨子里都是善良的，但怎么判断我们当下正在做的某件事情是不是善良的？

白龙：首先不能用伤害自己的方式去帮助别人，还有就是帮助了别人以后，不应该惦记着这事，希望得到别人的回报。

东叔：是的，善良并不是我帮了你，所以你就要帮我。有一点很重要，善良讲究的是一种平衡。我用"事后认可"这个词来引导大家理解善良。我们可以换一个思路，这个思路就是我们所爱的人如果也支持我们接下来的行动，那么对我们而言这个行动就是善良的，否则就不是真正意义上的善良。

举个例子，我要捐钱给需要帮助的人，但捐的钱是我过去20年的全部积蓄，并且我自己的生活过得很一般。这时候，我捐钱这件事情，对于接受我帮助的人来说，是善良的。但是，这件事是不是真正意义上的善良，取决于我所爱的人——比如我的父母、妻子、孩子——是否认可我把20年的积蓄捐给一个需要帮助的人这个行为。这样一平衡你会发现，这种行为对需要帮助的人是善良的，但对我的家人来说也许并不善良——这个行为可能让他们的生活处于困顿中，所以它并不是一个事后认可的决定，也就不是真正意义上的善良。

善良的核心应该是助己助人，所以我们应该去帮助自己、帮助家人、帮助周围的人，帮助那些需要帮助并且我们有能力帮助的人。

接下来我们看第五个人的故事。

5. 潘同学

潘同学在大学读书时是个非常自傲的人，走到哪里都鼻孔朝天。他善变，遇到老师时他会立刻变得点头哈腰，但老师稍稍走远他又开始趾高气扬，三句话不离吹嘘自己，各种往自己脸上贴金。

有一次潘同学半夜打电话向一名女生表白。这名女主是个很善良的人，她没有直接拒绝他，而是说这么晚了你不要吵我，结果潘同学说是你同宿舍的人嫌我吵吗？我帮你去"修理"她们。又说自己是全校最牛的人，你应该喜欢我，等等。潘同学毕业以前说我未来的年薪一定要有6万美元，低于6万美元的工作我是绝对不可能接受的。后来大家给他起了个绰号叫"潘六万"。

事实上潘同学毕业的时候连2500美元一个月的工作也没有找到。5年以后的同学聚会他并没有来，听说他先是失业半年，然后向同学借了2000美元。

向谁借的呢？向我们前面说过的 Jessica 借的——这 2000 美元他后来是分三次才还清的。图 4-5 是潘同学的情况。

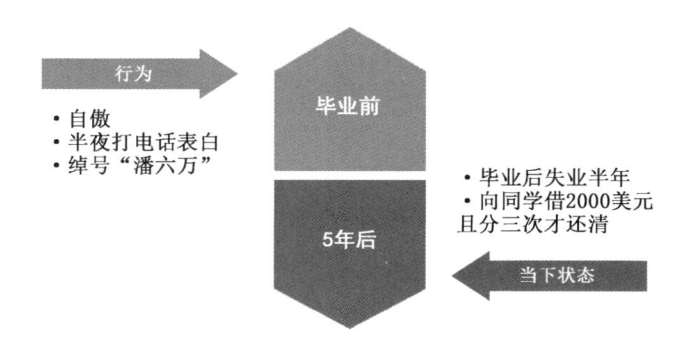

图 4-5　潘同学的情况

现在我们来分析一下潘同学是什么样的人，他有什么性格特征。

互动环节

东叔：Sam，你怎么看待潘同学这个人？

Sam：他有点过高地估计自己。

东叔：什么样的人会过高地估计自己？

Sam：自卑的人。

东叔：我们在前面的课程里讲过，出轨的人、伤害别人的人，他们骨子里都是自卑的人。在这个故事里，自卑的人再次出现了——只有自卑的人才会把自己吹得很厉害。境，你怎么看潘同学？

境：我觉得他会活得很差。我有一个问题：如果我碰到潘同学，我很想帮他，我应该怎么做？

东叔：应该夸他，因为他自卑。

接下来我们看第六个人的故事。

6. 佳同学

佳同学是班长。她是个善良和负责的人，总是主动参与活动，也很愿意帮助每个同学，她常常帮别人讲解题目。有一次，Sharon 在睡觉，佳同学跑到寝室把 Sharon 拉起来去开班会。佳同学读大学时遇到一个她喜欢的男生，但她不敢表白。后来 Jessica 看不下去了，买了张电影票说那个男生约你，然后又买了的票给那个男生，说佳同学约他，这样才把两这个人凑在一起。

佳同学跟那个男生一直相处到毕业。后来那个男生有其他打算，佳同学又放弃找工作，花了一年的时间来等他，等他和自己创造新的生活。结果那个男生安排好自己的新生活后，却和她分手了。

5年后同学聚会时，佳同学早就收拾好心情了。和那个男生分手后，她找到了工作并努力上进，从公司前台做到可以签单的业务员，再做到总经理助理，近期还被派到公司总部培训，后面应该会再升职。图 4-6 是佳同学的情况。

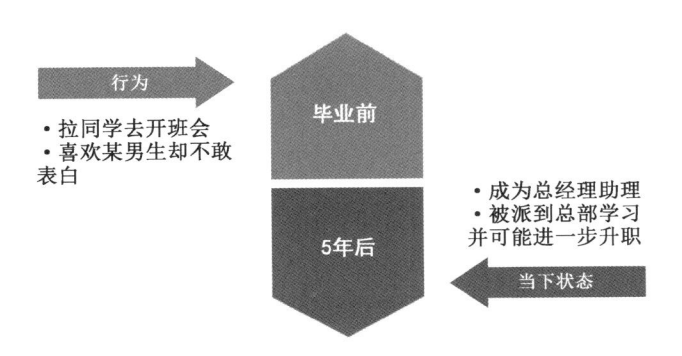

图 4-6　佳同学的情况

现在我们来分析一下佳同学是什么样的人，她有什么性格特征。

── 互动环节 ──

　　Andy：我觉得佳同学是个挺有责任心的人，她会履行自己的义务。

东叔：什么是她的义务？

Andy：比如说作为班长，她会让大家都去遵守学校制定的规范。

东叔：作为总经理助理，她的义务是什么？

Andy：让公司健康地发展，让每个人都能做好自己的工作。

东叔：挺好的。小美，你怎么看佳同学？

小美：她挺有责任心的，尤其是对于班级。离开她，可能班级里面的很多事都不会运行得那么好。

东叔：我觉得佳同学很像你。我希望你能看到她的成长轨迹。佳同学一直都在为自己的班级付出，这方面她不断地在成长。在感情方面，有人推了她一把，然后她在感情上也开始成长。毕业后她有过一年的成长停滞期，并且在感情上受到了伤害，但之后她又开始从头开始努力，从公司的前台做到了可以签单的业务员，再做到总经理助理，并被派到总部接受培训。她又开始成长了，不断变成更好的自己。

接下来我们把这 6 个人的情况放在一起比较一下。图 4-7 是我对他们的情况的归纳。

人物	事业	感情	特征
薛同学	成功	不知	善于坚持信念，善良
Lily	成功	一般	自律，信念坚定，善良
Sharon	中等偏上	不知	突发性信念坚定
Jessica	中等	很好	善良，乖乖女
潘同学	差	不知	自卑
佳同学	成功	一般	善良，坚定执着，但只能执着一件事情

图 4-7 6 个人情况的比较

图 4-7 中，除了潘同学，其他 5 人我们认为后来在感情或事业上比较成

功,他们有什么共同的特征？我们会发现,他们都是信念坚定并且善良的人。

我们今天课程的内容是亲密关系的三个核心要素。这三个核心要素的前两个就是信念坚定和善良。第三个要素则是能力。能力对每个人来说其表现是不一样的,比如薛同学的抗挫能力,Lily 的投资能力,Sharon 的爆发力,等等。

图 4-8 是亲密关系的三个核心要素。

图 4-8　亲密关系的三个核心要素

在前面的分析里,我们简单提了一下善良,后面的课程中,我们会展开讨论。刚刚有同学问:"东叔,这些人真的都是你的同学吗？这些故事都是真实的吗？"我要告诉你们的是,我给大家讲这些人的故事,只是想帮助你们更直观地掌握亲密关系的三个核心要素。为了保护隐私,这 6 个人的姓名、性别、国籍大多是修改过的,但他们在 22 岁和 27 岁发生的事情都是真的。只要故事是真的,那么给你们的启示也就具备了参考性。

在你们突破自我、不断提升的过程中,请记住信念、善良和能力这三个核心要素,它们不仅是你们追求亲密关系的三个要素,也是你们获得幸福与成功的三个要素。在后面的课程中,我们还会进一步讨论这些问题。

05 突破情绪卡点：读懂潜台词，看到冲突背后的问题

> 我们在和与自己有亲密关系的人相处的过程中，有时候会有一些沟通上的障碍，甚至会吵架。我们必须解决这个问题，尽管解决的过程是有些疼痛的——唯有经历疼痛，伤口才会慢慢愈合。
>
> 我们要学习的解决问题的方法叫"动力自行诀"——掌握它之后，任何人跟我们吵架，我们都可以很快平复情绪，并且找到自己需要提升的点，然后有针对性地去改变，成为更好的自己。

我们今天讲的内容是读懂潜台词，看到冲突背后的问题。今天的话题有些沉重，这就好像要治疗一个伤口，医生需要先去研究这个伤口，而在研究这个伤口，以及在清创和上药的过程中，我们都是痛的。唯有经历了这种疼痛，伤口才会慢慢愈合。在前面的课程中，我们通过了解信念的重要性，开始学着寻找我们不够爱自己的点，然后通过突破这个点来增强信念。

我们在和亲密关系的人相处的过程中，有时候会有一些沟通上的障碍。比如说两个人吵架了，A 说，房租是我在付，你怎么还总是让我买这买那！B 说，咱们之前说好了的，你的工资高，家里的开支你出大头，我用多做家务补上，你怎么总是这么斤斤计较？这是现实生活中很容易看到的吵架场景。在这类冲突中，A 表达的内在问题其实是"花光了钱"带来的不安全感，B 让 A 买东西则是一种表达爱的方式。我这样说你们肯定觉得很难理解，后面我们慢慢来剖析。总之，大多数的沟通障碍和吵架的背后都有它的道理。图 5-1 是我对 A、B 两人冲突的分析。

A：房租是我付的，你还总是让我买这买那
B：你怎么这么斤斤计较！说好了你工资高，家里的开支你出大头，我用多做家务补上

潜台词
A：我对"花光了钱"没有安全感
B：我让你买东西是一种表达爱的方式

图 5-1 "对金钱的不安全感"引起的冲突

我今天要教给你们的方法叫"动力自行诀"，这是我总结出来的帮助大家解决矛盾冲突的一整套可运用的方法，它一共有五个步骤：问动机（动）、找原因（力）、自省（自）、采取行动（行）和总结加强（诀）。下面我来详细讲解这五个步骤。

第一步，问动机。

动是指动机。当我们和有亲密关系的人发生矛盾冲突的时候，先问自己一个问题：对方这样做是在寻找爱还是在付出爱？根据我的观察和研究，人们在做事情的时候，底层动机只有两个：要么是为了寻找爱，要么是为了付出爱。比如说父母催婚。放假了，你高高兴兴地回家探望父母，他们却总是追问你怎么还不结婚，弄得你很烦，甚至想早点结束假期，离开他们。其实父母催婚的底层逻辑是付出爱，他们希望你能够早点成家，过上幸福的生活，对不对？又比如说女友抱怨你纪念日不送她礼物，不给她买个名牌包，女友这是在寻找爱。有人会问了，我在单位经常被领导批评，难道领导批评也是爱？对此，我的回答是，领导批评到底是寻找爱还是付出爱是要根据情况而定的。如果领导批评你是为了让团队变得更好，业绩变得更高，那么某种程度上他是在寻找爱。如果领导批评你只是想找点自己的成就感，那也是在寻找爱。如果领导批评你是希望你变得更好，不是为了他自己的业绩，那么他是在付出爱。客户投诉大多数情况下——除了那种天使般善良的客户——都是在寻找爱，都是客户觉得自己受了委屈。

我希望以后你们你跟任何人吵架，或者遇到任何让你生气的事时，做的第

一件事情是分析对方是在寻找爱还是付出爱。我让你们这样做不是为了别人，而是为了你们自己——把对别人的愤怒放在自己的心里，并不能伤害别人，只能伤害自己——尽快让自己的情绪稳定下来，对自己是重要的。

第二步，找原因。

弄清楚动机以后，怎样才能让自己的情绪稳定下来呢？这就要用"动力自行诀"的第二步，找原因，我简称其为力。力，它指的是能力。

生活中，我们很容易原谅别人能力不足，却很难原谅别人故意伤害，所以我们从能力的角度先帮助自己放下情绪。我们要告诉自己对方那样做是为了寻找爱或者付出爱，并且对方已经在自己的能力范围内做出了最大努力，但因为对方的能力不足，所以造成了让我们觉得不舒服、有情绪甚至产生矛盾冲突的结果。

比如父母催婚。如果这件事让我们觉得烦或者不舒服，我们要做的第一个步骤应该是找动机，分析父母这样做是在寻找爱还是在付出爱。大部分情况下父母催婚是在付出爱。当然，如果我们很久没和父母交流了，父母催婚也可能是在寻找爱，这是要看情况的。分析出父母是为了付出爱或者寻找爱以后，我们要进一步明白，为了达到这个目的，父母已经在其能力范围内做出最大努力了，但因为他们的能力不足，所以造成了他们对我们"碎碎念"这么一个结果。这句话是什么意思呢？就是说父母如果打个响指你就能结婚，他们早就选择打响指而不是等到现在不断地同你碎碎念了。他们的能力范围是有限的，他们能够做到的事情就只是碎碎念，所以你就被碎碎念了，这是对方能力不足的表现。这样一分析，你们是不是更容易放下情绪？

女友抱怨也是这个逻辑。女友如果不断地抱怨，对你的某些表现不满意，对方这是寻找爱。如果对方给你一个眼神你就能更细致地爱她，她早就每天都给你一个眼神了。所以女友在其能力范围内做出的最大努力就是抱怨。

领导批评还是这个逻辑。如果领导批评你只是为了让他觉得自己更有权威，觉得自己更厉害，那么领导只是想要寻找爱，只是想要追求被认可的感觉。如果他能够用正向的方法得到这种被认可，相信他早就这么做了，但他的能力有限，所以只能以批评你的方式来抬高他自己。领导批评你还有其他情况，有些情况下是为了付出爱，前面我们讲过，这里不重复了。

客户投诉同样是这个逻辑。对方的目的只是寻找爱，因为对方觉得自己受委屈了，比如产品的质量不够好，该享受的优惠没有享受到，或者售后服务没有到位，等等。他如果打个响指或者打个电话就能解决这些问题，我相信他会每天坐那里一直打响指或者打电话，而不会去投诉你。他在其能力范围内做出的最大努力就是以投诉的方式来表达他的不满。我这样说并不表示对方没有错，也不表示这都是你的错，而是这种分析模式会让你更容易放下情绪。

第三步，自省。

放下情绪以后，进入"动力自行诀"的第三步——自省。

自省的第一步是问自己在某个具体的冲突或者情绪中，自己生气的点是什么。我在给大家解决情绪问题时，经常会问一个问题：你到底在气什么？你的情绪点是什么？你生气的点是什么？我之所以会这样问，是因为如果在别人身上没有看到自己的问题，我们根本不会动气，不会有情绪。我们只会觉得这人挺搞笑的，这人挺怪的，但不会有情绪，所以任何别人伤害到你并引起你情绪的事件，必定会指向你自身的某个缺点或者问题。

找到答案以后，问自己第二个问题：为了寻找爱或者付出爱，我是否曾经给别人或者自己造成过类似的伤害？

我们继续举例分析。

比如父母催婚，我在气什么？我在气父母逼我做我不想做的事情，这是我生气的点。那么紧接着问自己：我之前有没有逼别人做他不想做的事情，或者我有没有逼自己做不想做的事情？之后就是想办法有针对性地去行动，你一定会找到对应事件的，找不到只能说明你自己暂时不想去面对而已。

比如女友抱怨。女友抱怨这件事中我在气什么？相信每个人的答案都是不一样的。我随便举个例子。女友抱怨让我生气，我气她不好好说话。接下来我们就要问自己：我之前有没有发生过不好好对别人说话，或者不好好对自己说话这样的事情？

领导批评我，我觉得他不给我面子，这是我生气的点。接下来问自己：我之前有没有不给别人面子或者不给自己面子的事发生？

客户投诉，我觉得他强词夺理、得寸进尺，这是我生气的点。接下来问自己：我之前有没有对别人强词夺理，或者对自己强词夺理？有没有对别人得寸进尺？有没有对自己得寸进尺？

我这样让大家分析问题并自省，并不是让大家简单地去原谅客户、原谅女友、原谅父母、原谅领导，我不是说他们没有错，我只是通过这种方式让你们先放下对他们的负面情绪，转为意识到这是自己某种程度的缺点或者不足——我们利用的是"人会在别人身上感受到自己的缺点"这个特点来反思和自省，然后很好地进行自我修正和提升，最终成为更好的自己。

接下来我们开始练习。正式练习之前我有一些问题想跟大家沟通一下。有时候我们会对这种自省有一些误解，认为这是阿Q精神或者自我洗脑（见图5-2）。你们怎么看这些问题和疑惑？

常见问题

1. 问题和疑惑一：这是不是阿Q精神，自我洗脑？
2. 问题和疑惑二：我为什么一定要怪自己？
3. 问题和疑惑三：把责任归到别人头上，我不是一样没压力吗？
4. 问题和疑惑四：别人就没有错吗？如果别人再犯错，我怎么办？

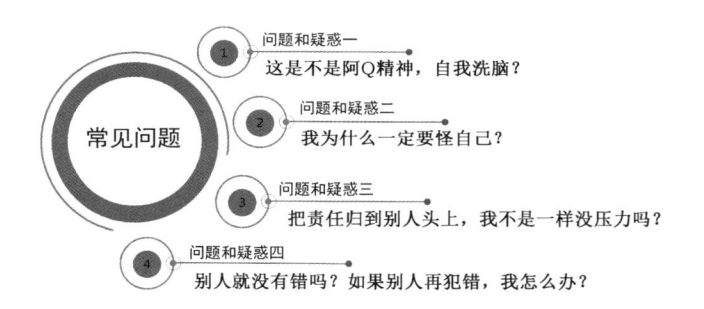

图5-2　自省的问题和疑惑

互动环节

Andy：我觉得如果是阿Q精神的话，任何事情都可以找到一个自洽的逻辑，告诉自己没有事情。自省应该是要从中找到自己的问题，然后针对问题来改变和提升自己。

东叔：非常好。广，你会不会有这样的想法：我为什么一定要怪自己？

广：有时候会。

东叔：怎么办？

广：不知道。

东叔：我们自省并不是在怪自己。我们这样做可以找到自己需要提升的地方，通过改变这个地方，让自己变得更好。

接下来我们进行实操练习。请大家找出一件让自己不开心的事情，我们用上面的方法一起来分析。

互动环节

Andy：我的一件不开心的事情是小区被封了，我不能出门。

东叔：小区被封了你不开心。请问你不开心的点是什么？

Andy：我不能出门。

东叔："我不能出门"代表着什么？"我出了门"会怎样？

Andy：不能出门代表我的行动受限，出了门我就可以做自己想做的事情。

东叔：是不是不能出门影响了你执行自己的计划？

Andy：是的。

东叔：那么，你是不是也曾经有过阻碍自己或者别人的计划的行为？你之前是不是有过因为计划没有完成而生自己气的情况发生？

Andy：有的。

东叔：现在我们回头看一下，你对小区被封打乱自己的计划这件事情的情绪是不是已经平复了许多？

Andy：是的。

东叔：经过这样的思考，你发现自己其实也经常耽误别人或者自己的计划,从成长的角度来说,小区被封这件事更像是对你的一个提醒。我们先分析到这儿,后面我会进一步谈这些问题。今天课程的主要目的是帮助大家磨合和消除情绪。接下来是 Sam,请你讲一件别人惹你不开心的事情。

Sam：别人惹我不开心的事有一件,我觉得孩子的作业太多了,老师上课的进度太快了。

东叔：那么你生气的点是什么？是生孩子的气还是生老师的气？

Sam：我气的是老师布置的作业太多了。

东叔：老师布置的作业太多,你觉得老师这样做是在寻找爱还是在付出爱？

Sam：老师是在付出爱。

东叔：老师如果打个响指就能让学生非常上进、成绩很好,老师是不是就会选择打响指这种简单的办法让学生进步？老师没有办法找到这样的捷径,他只能通过多布置作业的方式让学生上进,从而导致学生很累。现在,你还那么生老师的气吗？

Sam：还是生气。

东叔：我们再反过来思考。请问在过去的人生中,你有没有做过因为别人不上进,自己想要对他付出爱,从而给他布置了一大堆功课,推动他上进的事？

Sam：有过。

东叔：我们继续。请问在过去的人生中,你有没有经历过因为自己不上进,导致别人给你布置了一大堆功课,推动你上进的事？

Sam：有过。

东叔：好,回到最初的问题。现在你还在生老师的气吗？

Sam：不生气了。

东叔：到了这一步你就不生气了,看来你更多的是专注于自己的上进问题。我们继续练习。

小美：最近不开心的事情是我爸爸说女孩子收入差不多就可以了，不要我跟别人比，而我内心并不认同这一点。

东叔：爸爸这样做是在寻找爱还是在付出爱？

小美：爸爸是在对我付出爱。

东叔：非常好。你觉得自己应该得到更多的财富，但爸爸说女孩子收入差不多就可以了，然后你就感觉很不爽。是这样吗？

小美：是的。我知道爸爸因为能力有限，所以只能用这种语言方式向我付出爱。

东叔：但是这种沟通方式让你感觉不舒服，对不对？请问在过去人生中你有没有做过为了付出爱，用不合适的沟通方式与别人沟通从而让别人觉得不舒服的事？

小美：做过。

东叔：什么事？

小美：多数是跟爸爸有关，我会言不由衷地说一些话。

东叔：在你和爸爸的沟通中，不是你爸爸用不爽的沟通方式对待你，就是你用不爽的沟通方式对待你爸爸，是不是这样？分析到这里，你是不是发现自己已经不生气了？

小美：其实早就不生气了。

东叔：非常好。我们再进一步分析。对你来说，这意味着自己身上有什么问题？换言之，自己需要做哪方面的提升？

小美：沟通？

东叔：非常好，沟通。沟通具体是指什么？

小美：关于财富的沟通。我也不知道为什么我很难开口跟长辈沟通财富方面的问题。

东叔：不是沟通财富方面的问题，是沟通需求。

小美：明白了。

东叔：我们继续。

白龙：前几天有个下属没有做我反复交代他做的事情,我检查工作时发现了,然后我狠狠地批评了他,他这才完成任务。这件事让我很生气。

东叔：你生气的点是什么?

白龙：我生气的对象不是下属。当时我肯定是生他的气的,他太懒了。后来我分析了一下,确定我是在气自己——因为我也经常给自己安排好多事情,但是又没及时完成。

东叔：有时候,我们不是一定要第一时间处理情绪的,你们看,白龙没有在第一时间处理情绪,但她还是能够找到自己的问题,能够化解情绪。我们来看一下白龙当时的情绪应该如何化解。下属没完成工作有可能是在付出爱——他揽了一大堆活,希望为公司承担更多,但最终超出自己的能力,没有办法完成,所以他是在付出爱。当然,他也有可能是在寻找爱——他只是想休息一下。

不管他是哪种情况,总之,因为下属的能力有限,无法同时完成这些项目,所以他没能及时完成工作。然后白龙就直接反思了:我有没有曾经揽一大堆活却不去做? 好,到了这一步,她已经不生下属的气了。

接下来我们继续讨论让自己不开心的事情。这一轮我们不仅要平复情绪,还要找到自己对应的问题。

🎙 互动环节

东叔：Andy,请跟我讲第二件让自己不开心的事,谁惹你生气了?

Andy：我有一个项目,本来一开始进展还挺顺利的,可是,谈到一半就没有然后了,对方也没有说明原因。

东叔：好。你觉得对方是在寻找爱还是在付出爱？分析一下你自己身上有没有类似的问题。来，试试看。

Andy：我觉得对方挺不礼貌的，什么都没说，我不觉得他是在寻找爱，也不觉得他是在付出爱。

东叔：我不认识他，所以我不知道他是在寻找爱还是付出爱，但大概率是在付出爱。他可能被项目卡住了，或者项目有什么其他问题，他不想伤害你的感情，但又能力有限，所以他选择了不沟通的方式。对应到你的身上，应该是沟通并执行计划的问题。所以你需要解决自己在沟通和计划执行方面的问题。我们继续。

广：我以前的下属在一周前找我借了 2000 元钱，现在我经济紧张，饭都快吃不起了，却不得不打消让他还钱的想法。

东叔：为什么？

广：他本来说每个月还我 200 元，但是这个人喜欢整天抱怨，身上负能量太多——每个月为了收他 200 元欠款不得不一直听他说那些负能量的话，我觉得太浪费时间了，于是我就把他拉黑了。

东叔：我们先化解情绪。这个人是在寻找爱还是在付出爱？

广：寻找爱。

东叔：如果他心中充满爱，他就不会充满负能量了——他会每天像太阳一样把正能量带给别人。可惜他能力有限，只能带给别人负能量。现在仔细思考一下，你生气的点是什么？

广：气他不还钱还总是给我传递负能量——其实我也没指望他还钱。

东叔：气他的负能量。很好。我们跳跃一下，你认为这一点对应的是自己哪方面的不足？或者说提示你应该在哪方面需要进一步提高？

广：夸奖。

东叔：你之前说过你妈妈一直对你碎碎念，给你带来负能量。

刚刚你又说这个向你借钱的人也给你带来负能量。我们仔细分析一下。你妈妈没有直接向你表达她的需求——我不知道她的需求是抱孙子、孙女还是其他什么，总之她没有直接表达，她只是碎碎念，催婚。对于向你借钱的人，你也没有直接向他表达自己的需求，如果你经济紧张到饭都快吃不上了，你就不该借钱给他，即使借了，你也应该直白地向他表达，让他快点还钱。

你看，现在我们将问题慢慢集中到碎碎念上了。这个向你借钱的人在你面前不停地碎碎念，说一些负能量的话；你妈妈在你面前不停地碎碎念，说一些催婚的话。这些事件对应下来都是缺少夸奖，你需要的是夸奖。换言之，你需要在夸奖方面进行提升，首先要学会夸奖自己，肯定自己，然后学会夸奖别人，肯定别人。当然，我这样说并不代表他们没有错，也不是说这都是你的错，不是这个意思。我要告诉你的是，当你开始夸自己以后，你会发现周围的人和事都会有大的改变。

限于篇幅，我不一一展示与大家进行的两件让自己不开心的事情的具体讨论了。我总结一下你们每个人身上存在的问题或者需要提升的地方，以及应该相对应地采取的一些行动。Andy应该制订计划并推进；广应该学习夸奖，夸自己，夸别人；境应该学习做事不拖拉；小美应该跟问题对象直接沟通需求，并且要有计划与大局观；Sam应该学习夸奖和认可自己，并且努力上进；白龙要学习做计划并拥有大局观，如果项目太多了，就只做自己想要做的项目。你们每个人都有沟通的对象，比如广应该尝试夸奖自己，你的下一个要夸奖的应该是你妈妈；Andy应该跟你的客户去沟通，跟自己沟通计划，同时也要做更多的计划；境应该跟权威人物沟通，包括跟爸爸沟通，跟老公沟通，跟面试官沟通；Sam应该跟下属沟通，跟自己沟通；Rain应该跟自己沟通，跟自己的下属沟通；白龙应该跟下属沟通，跟自己的上级沟通——你们每个人的行动都是清晰的。

第四步,行动。

当我们通过自省找到对应情绪的产生而反射出来的自己身上的问题后,要有一个行动,这个行动就是对从这件事情所反映出来的自身的问题,从心底表达歉意或者感恩之情,彻底放下对自己身上发生的事情的负面情绪,并对事件的相关人员表达爱和祝福。

第五步,念口诀。

念口诀其实是总结加强的一种方法。当我们通过上述步骤找到问题并平复情绪以后,要对事件的解决进行复盘,对自己进行夸奖和鼓励。比如我们发现自己身上需要提升的点是需要和问题对象直接沟通,当我们解决了相对应的情绪事件以后,要记得夸奖自己一句:我是一个善于和问题对象沟通的人。这叫事后夸奖,它可以增强我们的信心。

除了事后夸奖,还有事前夸奖。在我们解决一个情绪之前,如果我们能够确定它对应的是我们身上某个需要突破或者提升的点,我们可以先念一下口诀,对自己进行夸奖。比如事件提醒的是我们的执行力不好,我们就可以说,我是一个执行力很强的人。事前夸奖可以增加我们的勇气。

图 5-3 是"动力自行诀"的归纳总结。

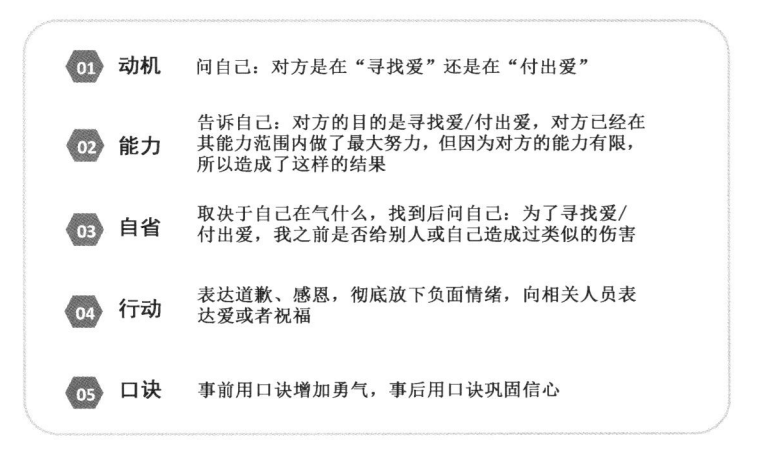

01	动机	问自己:对方是在"寻找爱"还是在"付出爱"
02	能力	告诉自己:对方的目的是寻找爱/付出爱,对方已经在其能力范围内做了最大努力,但因为对方的能力有限,所以造成了这样的结果
03	自省	取决于自己在气什么,找到后问自己:为了寻找爱/付出爱,我之前是否给别人或自己造成过类似的伤害
04	行动	表达道歉、感恩,彻底放下负面情绪,向相关人员表达爱或者祝福
05	口诀	事前用口诀增加勇气,事后用口诀巩固信心

图 5-3 "动力自行诀"的五个步骤

总之，读懂潜台词，看到冲突背后的问题，这是我们今天课程的重点。掌握"动力自行诀"之后，任何人跟你吵架，你都可以很快平复情绪，并且找到自己的需要提升的点，然后有针对性地去改变，成为更好的自己。

06 突破信念卡点：建立"信念共享圈"，找到解决问题的密码

> 当我们喜欢一个人的时候，对方一定会喜欢我们吗？不一定。我们喜欢别人的时候，别人会更加喜欢他自己。
>
> 爱就像阳光一样，聚焦在哪里，哪里的热量就更多。如果希望得到别人的爱，我们一定要更爱自己，让更多的爱聚焦在自己身上——只有我们种出的苹果是甜的，别人才会接纳它。
>
> 其他的快乐都是短暂的，只有成长的快乐是持久的。如果你想要保持快乐、正向、波澜不惊的生活状态，你得不断变成更好的自己才行。为了更好地理解这一切，我们引入两个概念，一个叫"人生学校论"，一个叫"信念共享圈"。

在开始今天的内容前，我们先回顾一下前几节课的内容。我们首先讲了交友与投资的游戏，目的是告诉大家，如果我们要建立一个亲密关系，不管是亲子关系、爱情关系还是职场关系，其影响因素都跟财富、魅力、背景没有太直接的关系，它们都不是亲密关系的关键因素。然后我们讲了绘图分析和笔迹分析，我们通过绘图和签字找到了各自需要提升的点。之后我们讲述了同学聚会的故事，反思自己的不足之处。再后来我们学习了"动力自行诀"，找到各自需要自我改变的点。在这里有一点是非常奇怪的，我们通过随机的绘图和签字找到的自己需要提升的点，通过同学聚会的故事反思自己的不足之处，通过"动力自行诀"对随机找到的一些令自己生气的事件进行分析，结果我们发

现,对你们当中的某个具体的人来说,这些事件的指向几乎是相同的,换言之,它们指向你们身上同一个需要提升的地方。

比如广是需要夸奖和交换彼此需求;Andy 是做责任分担,沟通并执行计划;境是做事后认可的选择,放下权威人物对自己情感上的影响;Sam 是保护自己,立刻行动并增强上进心;Rain 是努力上进并对自己进行夸奖和认可;白龙是要有计划与大局观,以及充满爱地与问题对象沟通。好奇怪,你们随机找的事件,你们随机画的画,你们随机聊的内容指向的不自信的点全都会集中在同一个地方。这是为什么?大家能尝试回答吗?

🎤 互动环节

Andy:我觉得这是因为我们比较像。

小美:我觉得人会很在意自己的缺点,所以你看到每一件能引起你情绪的事情,都会从自己缺点的角度去切入,所以看来看去都是自己在意的那个点。

东叔:就是说我们在别人身上可以看到自己的缺点,我们在别人身上可以感受到自己的缺点,所以我们感受来感受去都是自己最介意的那几个缺点。

广:我不知道。我感觉我好像曾经得到过这些东西,这些优点我得到过,但好像后来我又全都失去了。

东叔:你的意思是你曾经得到过夸奖并敢于表达自己的需求?

广:对。后来我感觉好像慢慢地失去了。

东叔:你说你曾经做到过夸奖和交换需求,只是已经忘记了,能告诉我你是在什么时候做到过吗?

广:大概从部队刚回来时。

东叔:那段时间你的生活是怎样的?

广:感觉蛮好的。

东叔:比现在好很多,是吗?

广：对。

东叔：如果那时候你去追女孩，或者你去追求财富，成功率会比现在高得多。

广：感觉那时候自己挺"不要脸"的，现在好像太要面子了。

东叔："不要脸"在这里不是个贬义词。它说明你能够在那时候勇敢地表达自己的需求，那种状态其实是一种自信。也许在人生中，你曾一度达到过这方面的高峰。

Rain：其实我也想不通。我一直是努力上进的人，在学习和工作上我一直努力上进，不知道为什么我的生活一直不顺，是因为我一直没有夸奖自己？

东叔：目前夸奖是你的核心课题。在我看来，你一直在内心进行自我攻击。其次，努力是应该有努力的方向的。比如说你作为一个金融方面的专业人员，在你的专业方面至少要做足够多的努力，而不是努力健身、努力做点别的事情——它们不叫努力。因为它们跟你专业是不相关的。

境：我感觉在人生的每一个阶段都会有一个需要面对的课题，或者叫需要解决的自我问题，但不是说解决了这个问题以后，我们的整个人生就会一直顺利。原来我们可能是小学三年级的水平，解决了问题以后我们可能就提升到小学五年级了，这时候就会有新的问题出来，当然，这次出来的是小学五年级的问题了。

东叔：换言之，我们在不断解决问题的过程中，不断提升自己。我观察了数百个来访者，得出的结论是这样的：当前的问题解决以后，我们会遇到新的问题，但新的问题会是前面问题的提高版本——换言之，新问题的解决会让你变得更好。举个例子，你们当中有的人需要解决和提升的地方是跟问题对象沟通。当你解决了这个问题以后，需要提升的地方就会变成跟问题对象正向的沟通。再次解决这个问题以后，你需要提升的地方可能会变成在跟问题对象正向沟通的前提下，交换彼此的需求，达成彼此认可的决定。慢慢地，你就变成更好的自己了。

小美：这种不断解决问题的过程，什么时候是个头呢？

刚刚小美问这种不断解决问题的过程什么时候是个头？这是一个非常好的问题。我的答案是，这个尽头取决于你什么时候对自己满意了。人生是一所学校。三年级有三年级的课题，四年级有四年级的课题，五年级有五年级的课题——你永远都有更高的东西要去学习。学得越多，你得到的也就越多，成长得也越快。你可以在得到以后休息一小会儿，然后继续变强。变强的过程就是你快乐的时候。

其实我们所有的快乐都来自成长，其他的快乐都是短暂的，唯有成长的快乐是持久的。换言之，如果你想要保持快乐、正向、波澜不惊的生活状态，你得不断地变成更好的自己才行。

为了让你们更好地理解这一切，我想给你们讲两个概念，这两个概念是我自己定义的，你们也可以把它们理解成两个比方。

第一个概念我称它为"人生学校论"。在我的想象中，人生有点像一个学校，有老师带领我们学习。和真正的学校不同的是，这些老师里面有好老师，也有坏老师。学校里有很多班级，我们在这些班级里面学习自己的人生课程，有的是语文，有的是数学，有的是外语，换言之，有的人学习的是沟通，有的人学习的是计划与大局观，总之，每个人学习的课程都不一样。如果碰到一个好老师，他会引导我们变成更好的自己，我们会想办法向他学习。有时候我们也会碰到坏老师，这样的老师我们会想办法远离他，因为他是我们厌恶的人，他的身上有我想要改正的缺点。在这个班级里，我会有各种各样的同学，和真正的同学不一样的是，他们可能是我们的父母、亲人、爱人和子女等。我们可能有各自不同的学习课题，但我们在同一个环境、同一间教室里面成长。他们当中有的人会早下课，离开这间教室，有的人会比我们晚来。在这个让我们成长的教室里，如果我们的题目做错了，或者不会做，老师会让我们的考试通不过，然后他会换一套题目让我们接着考试,直到我们将题目做对或者说让考试通过为止。老师的题目会不断变化,但他考的知识点一直不变。

第二个概念我称它为"信念共享圈",这也是我这些年的一个研究心得。

我们常常说,你是什么样的人,你就会遇到什么样的人,这其实就是"信念共享圈"的一种表现。"信念共享圈"的核心理论其实很简单,就是想象你周围有一圈人,我在图6-1中画了很多圆圈,越靠近你的人,跟你共享的正向信念和负向信念就越多。我再重复一遍,你周围有很多人,你是最中间的那个,越靠近你的人,跟你共享的正向信念和负向信念就越多。

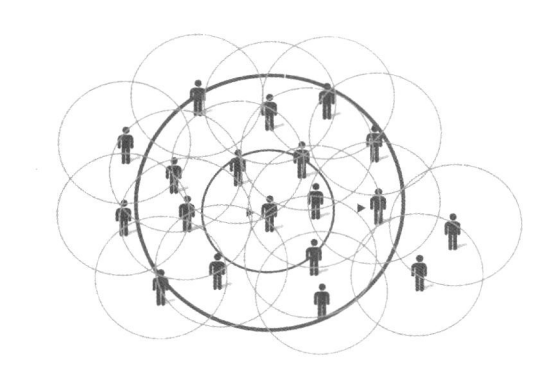

图6-1 "信念共享圈"示意

这个越靠近是指跟你接触的时候越靠近的人,接触包括生活中的接触和心灵上的接触。我们来尝试理解一下这个概念。中间这个人我们称他为小A。假设小A有100个正向信念,比如聪明伶俐、勤奋上进等,但他有一个负面信念,就是对自己的健康问题不关心。小A对健康不关心的表现形式是抽烟。这时候我们会发现,凡是靠近小A的人,小A会发现他们都会或多或少地有着健康方面的问题,只是这些问题会有不同的表现形式。比如小A的爸爸酗酒,小A的妈妈喜欢熬夜,小A的孩子喜欢吃垃圾食品,等等。小A看到爸爸、妈妈、孩子有不健康行为的时候会生气——生气的原因我们在前面的课程中讲过,人总是会在别人身上感受到自己的缺点。这些缺点在我们自己身上的时候,我们可能不在意,甚至不认为它是缺点,但是当它出现在别人身上时,我们就会在意,并且生气。小A会给自己抽烟的行为找出很多理由,比如抽烟可以提神,抽点烟无伤大雅,我正在想办法戒烟,等等。但是,当他看到爸爸酗酒,看到妈妈熬夜,看到孩子常常吃垃圾食品的时候,他就会不开心。当我们问小A为什么不开心,他会说他们不爱惜自己身体这件事让他生气——这时候他完全没有意识到这些问题是与自己相关的。当我们用前面讲过的自省的方法让他回忆自己是否也有过不够爱惜自己身体的情况时,他会发现自己原来也是有这个缺点的。这就是"信念共享圈"的表现,在这个例子里,小A和他的家人在共享不关注健康的负面信念。

"信念共享圈"理论可以解释什么事情呢?它可以解释为什么周围人的身上会有和我相同类型的缺点?这些缺点为什么会刺激我,让我生气,情绪不稳定?为什么我尝试改变周围的人却常常没有效果?为什么我尝试伪装自己或者逃避也无效?为什么我改变自己以后,周围的这些问题会慢慢消失?比如我们在恋爱中为什么一而再、再而三地遇到"渣男"?当我们改变自己、提升自己以后,我们忽然发现自己的身边有了很多优秀的追求者。我们只有变成更好的自己了,我们才有更好的"信念共享圈"。

举个例子,你是一个果园的农场主,你想要把自己种的苹果分享给大家,但你的苹果是酸的,不管你怎么包装苹果,酸的就是酸的,别人并不愿意接纳。解决这一切的核心方法是改良自己的苹果。只有种出的苹果是甜的,别人才会接纳我们的苹果。

再举一个例子。想象你在小溪里面,如果你是一块透明的水晶,水流过你的时候,会变得闪闪发光。如果你是一块淤泥,靠近你的水会变得浑浊。这两种情况下,哪一种会让别人喜欢你?哪一种会让别人远离你?人的磁场就像那块水晶散发出的光芒或者那块淤泥晕染出的污秽一样。靠近你越舒服,就会有越多的人想要靠近你,反之亦然。

当我们喜欢一个人的时候,对方一定会喜欢我们吗?不一定。仔细想一想,我会发现,当我们喜欢别人的时候,别人会更加喜欢他自己。

爱我们就像阳光一样,聚焦在哪里,哪里的热量就更多。如果我们希望别人爱我们,我们该把爱聚焦在哪里呢?当然是聚焦在自己身上。

大家一定要记住,我讲这一切不是想告诉你们在"信念共享圈"里的其他人是没有错的,不是的。其他人有其他人的错,其他人的错是千真万确的。比如小 A 的爸爸确实酗酒,小 A 的妈妈确实不懂得照顾自己,小 A 的孩子确实喜欢吃不健康的食品,这些事情都是真实存在的。我不是说其他人没有错,我也不是说这都是小 A 的错。但是我们现在要帮助的人是小 A,帮助小 A 找到他身上的不足,帮助小 A 提升自我,所以,我们会围绕着小 A 找问题,换言之,我们只找小 A 的问题所在。

为了讨论"信念共享圈"和"人生学校论",我们现在来一点一点地分析一下自己身边的人。如果"信念共享圈"理论存在的话,那么我们周围人身上的优点,我们自己也会有。

互动环节

东叔:我们从 Andy 开始。请你找一个你常常想起的人,跟我们分享一下他身上有什么优点。

Andy:我老公。

东叔:你老公身上有什么优点?

Andy:他很努力,做事很坚持,脾气很好。

东叔:他比你更努力做事、更坚持吗?还是不如你努力、坚持?你自己有没有努力和坚持方面的优点?

Andy:我觉得他比我更努力、更坚持。

东叔:好,按照我们的"人生学校论",你的老公在努力和坚持方面就是你的好老师。在这里还有提醒你的意思,提醒你要追随他,变成更好的自己。你说他脾气很好,那你自己有没有脾气很好的优点?

Andy:我觉得我的脾气不太好。

东叔:我认识你蛮多年了,你的脾气其实还蛮好的。

Andy:我很容易着急。

东叔：着急对应的是计划推进和夸奖，这是之前我们分析过的你需要提升的地方。换言之，这些是你的缺点和不足之处。

Andy：对。

东叔：我们继续。Sam，你怎么想？请分享一个你常常想起的人身上的优点。

Sam：我的老板。

东叔：你的老板身上有什么优点？

Sam：他很果断，想到什么事情立刻就去做。

东叔：很好。从"人生学校论"我们知道，在我们的人生道路上，我们会遇到一些好老师，好老师会在很多方面做得比我们更好。因为好老师做得比我们更好，我们会看到好老师在很多方面比我们更成功、更幸福，拥有让我们向往的状态。他们出现的目的是让我们学习他们，对不对？你的老板就是这样的好老师。他下决心很快，行动也很快，对应的是你的行动力，在这方面他是你的榜样。你也是想向老板学习的，至少在职场上，你想要变成更好的自己。我们继续。小美，请分享一个你常常想起的人身上的优点。

小美：我爸爸。

东叔：你爸爸有什么优点？

小美：他做事情很踏实，一步一个脚印。他不是那种浮夸的人，这是他的优点。

东叔：你有没有做事一步一个脚印这样的优点？

小美：有的。

东叔：你希望自己将来做事更加踏实，像你爸爸一样，一步一个脚印，不浮夸，对不对？

小美：是的。

东叔：这就是"信念共享圈"，这就是"人生学校论"。我们继续。白龙，请分享一个你常常想起的人身上的优点。

白龙：我老公的妹妹。她的执行力很强,但她居住的地方离我们很远。

东叔："信念共享圈"并不是一定要这个人在你身边,只要他能跟你说上话,或者你们心中想着彼此就行。"信念共享圈"不是指物理距离,是指心理距离。

白龙：嗯,执行力强也是我的优点。

东叔：广,找个你常常想起的人,列举他的优点。

广：我妈妈。

东叔：你妈妈有什么优点?

广：肯吃苦,工作努力,勤劳,非常节省,爱干净。

东叔：你也肯吃苦,努力工作,我不知道你是否勤劳。

广：我曾经是这样的,但是现在完全躺平了。

东叔：你应该在这方面再努力一把。Rain,找一个你常常想起的人,列举他的优点。

Rain：常想起的人?我怎么老是会想起我前男友?

东叔：你的前男友有什么优点?

Rain：做事情有计划,很聪明,有智慧,会帮我分析事情,比较温暖。

东叔：我们一步步来。有计划、分析事情、聪明,这些优点你有没有?

Rain：好像我也有。

东叔：在自己的专业上你也会帮助别人去列计划,在税务和财务方面也会帮别人分析,对不对? 当然,有些方面你还是要再提升的,比如自己的人生规划或者其他的一些东西。你看到前男友的另外一个优点是他很温暖,这方面是你需要学习的点,你要对别人和对自己更加温暖。从"人生学校论"的角度来看,你的前男友是好老师,提醒你在我刚刚讲的这些方面成长、提升。境,说一个你想常常想起的人,列举他的优点。

境:我妈妈。

东叔:你妈妈有什么优点?

境:她对身边的人都很好,很有奉献精神,包括对她的兄弟姊妹、对我爸爸、对我、对我儿子、对邻居。她常常为周围的人做贡献,不知疲劳,总是为他人着想。

东叔:这个优点你有没有?

境:有。

东叔:我觉得你不仅有,而且是"非常有",你对周围的人也是拼命奉献的。就这个优点而言,既然你妈妈是你的榜样,她一定有比你更好的地方,她哪里做得比你更好?

境:她付诸行动更多。

东叔:根据我对你的了解,你的行动也不少,但是你妈妈的付出在顺序上比你做得更好。她付出的顺序是老公、女儿、孙女和外孙女,然后是邻居等,是由内而外的,这是一个更加健康的顺序,这方面是你需要学习的。从"人生学校论"来看,你妈妈对你来说是一个好老师。从"信念共享圈"来看,这种付出是一个好的磁场,你身边的人会跟你共享一些正向的信念,越靠近你的人共享的正向信念就越多。

接下来我们换一个思路,找一个我们时常想起的人,列举他的缺点。

🎙 互动环节

Andy:我想说我妈妈。

东叔:你妈妈有什么缺点?

Andy:爱唠叨,碎碎念我。

东叔:"妈妈喜欢碎碎念",好的。根据我们前面的分析,碎碎念是不是可以代表责任分担、沟通并执行计划?

Andy：可以。

东叔：那么你觉得自己身上是不是也有责任分担、沟通并执行计划的问题？

Andy：有。

东叔：爱念叨表示她的行动会差一点。

Andy：对。

东叔：我记得前面的分析中，你还有需要在夸奖方面进行提升的问题，这个问题对应的也是念叨，是不是这样？

Andy：是。

东叔：从"人生学校论"的角度来看，你妈妈就是一个来提醒你的人，提醒你要在行动上更多一点，在沟通上更正向一点。从"信念共享圈"来看，你在你妈妈的身上看到了自己的不足——她可能在这一点上做得比你更差，从而对你有很好的提醒作用。换言之，妈妈在这一点上是我们人生学校中的坏老师，让我们看到自己的缺点和弱点，从而找到需要改变和提升的地方。

东叔：接下来我们请 Sam 给我们讲一个她常常想起的人并列举一下他的缺点。

Sam：我的前夫。

东叔：他有什么缺点？

Sam：说话不算数。

东叔：说话不算数？换句话说你觉得他在骗你？那么请问在过去的人生中，你有没有骗过别人？

Sam：有时候我会骗自己。

东叔：所以一定要正视自己，爱自己，对自己诚实。我们只有真正开始对自己好，才有可能变成更好的自己。这是你在你前夫身上看到的缺点对你的提醒。我们继续。小美说一下吧。

小美：我爸爸。

东叔：你爸爸有什么缺点？

小美：脾气有点差，逃避沟通，就是他会因为嫌麻烦，找各种理由不去做沟通。

东叔：好的。我们看一下前面的分析。我们前面是不是分析过你需要做的事情是跟问题对象直接沟通需求？

小美：是。

东叔：你爸爸的表现是用脾气差来逃避沟通，你的表现是回避沟通，或者通过第三方来沟通，核心都是没有跟问题对象直接沟通需求，只是表现形式不同。从"信念共享圈"的角度来看，这是靠近你的人跟你分享了负向信念。从"人生学校论"的角度来看，学校安排了爸爸这个"坏老师"来提醒你，提醒你去跟问题对象直接沟通需求。这也是为什么之前我布置给你的作业是去面试，去找工作。

东叔：广，请找一个常常想起的人并列举他的缺点。

广：我妈妈。唠叨，太唠叨。

东叔：具体是哪方面的唠叨？

广：催婚。

东叔：我们来看一下之前的分析。广需要提升的地方是夸奖和正面交换彼此需求。广，我们来分析一下你妈妈的唠叨。她催婚只是表达了她自己的诉求，但她并没有跟你交换需求。她的唠叨是一种负面的表达方式，而不是夸奖。现在回过来看一下，你妈妈的这些缺点是不是也是你的缺点？

广：是。

东叔：从"信念共享圈"的角度来看，这是你需要改变的地方。我们继续。境，说一个你常常想起的人并列举他的缺点。

境：我还是讲我妈妈。这件事我也想不通，她其实是一个很有能力、情商很高的人，跟人家交流时情商很高，大家都很喜欢她。但她在家里、面对家人时脾气会很暴躁，要求大家做事情都要跟着她的步骤来。

东叔：你妈妈的这问题如果用一句话总结就是："对外人好过对自己人。"

境：是的。

东叔：再反思一下，你有没有类似的缺点？

境：有。

"人生学校论"也好，"信念共享圈"也好，我不在意你们更容易接受哪一种概念。总之，广如果做到夸奖和交换彼此的需求，Andy如果做到责任分担沟通并执行计划，境如果做到放下权威人物对自己情感上的影响，Sam如果提升上进心，白龙如果做到有计划有大局观并充满爱地与问题对象沟通的话，你们就会发现自己不会太在意周围的人身上与你自己相对应的缺点了。换言之，你们会发现周围的人不再会犯一些刺激到自己的错误——你们不会在别人身上看到自己的这个缺点，因为自己已经没有这个缺点了。这时候，你们会发现周围的人会变得顺眼，你也会因为这种改变变得更有魅力，拥有更好的亲密关系。

今天课程的一个核心内容是探索和分析我们在生活中是怎样把一段亲密关系搞垮的。我们在找原因。我们在吵架的时候经常会发现对方会对我们进行人身攻击，这时候我们要问为什么，他为什么攻击我？用"人生学校论"来看待这个问题就是：为什么在学校里老师要安排一个人来攻击我？找到对应的点以后（对应点是刚才我给你们每个人总结的那句话），我们就可以做到给予对方尊重，给予对方细节建议。为什么有时候我们对伴侣会有深深的厌恶感？因为我们在别人（伴侣）身上感受到了自己的缺点——再强调一下，我这样说并不表示伴侣没有错，也不表示这些全是我们的错，我只是想让你们换个角度来看待问题，寻找解决问题的方法——只有我们自己改变了，变成更好的自己了，我们才能吸引更好的伴侣。所以，我们最终的表现应该是夸奖和认可。从"人生学校论"的角度来解释就更容易理解了。为什么学校里的老师要安排一个人跟我冷战？大概率是老师想提醒我要跟问题对象直接沟通，所以我应该正向回应反馈，我要好好地经营我的感情。如何把一段亲密关系搞垮？搞垮的核心是怪别人——不是说不可以怪别人，不是说别人没有错，但怪别人是没有用的，不能解决问题。为了解决自身的问题，我们必须找到亲密关系被搞垮的真正原因，掌握问题的关键，然后有针对性地去改变——先改变自己，让自己变得更好。然后再去影响别人、改变别人，在亲密关系中建立更多的正向影响力。

上面说的这些方法虽然简单，但具体的操作过程其实蛮难的，比如说有人攻击我了，我的第一反应应该是反思，反思对方的攻击引起我愤怒是触动了我身上的哪个缺点。但实际生活中，我们可能冷静不了，根本来不及做这样的反思，怎么办？

这个问题我们下节课再来回答。

07 突破平衡卡点：磨合动态平衡，明白发生冲突时是该示弱还是要强势把控

> 当我们面对一件事情的时候，到底有没有普适的解决方法？
>
> 现实生活中我们经常会遇到这样的情况：同样一个事件，它可能有很多种解决的方法，但我们并不知道哪种方法是对的，也不确定哪种方法是有效的。即便找到了有效的方法，随着年龄的增长或者社会阅历的增加，我们对它的有效程度或者对方法本身的认识也会不断发生变化。
>
> 生活中，我们怎样才能找准自己的核心问题？遇到同样的事件时，为什么"我"采取的方法往往和别人采取的方法不一样？为什么这种不一样的方法往往对"我"才是最有效的？

现实生活中我们经常遇到这样的情况：面对一些事情我们会有各种各样的疑虑。同样一个事件，它可能有很多种解决的方法，但你并不知道哪种方法是对的，你也不确定哪种方法是有效的。即便找到了有效的方法，你又会随着年龄的增长或者社会阅历的增加，发现自己对它的有效的程度或者对方法本身的认识在不断发生变化。

比如，当我们和有亲密关系的人吵架的时候，我们到底应该示弱还是要强势把控？当我们面对一件事情的时候，有没有普适的解决方法？这是我们今天想要探讨的问题。

我们从几个学员的故事开始。为了保护他们的隐私，我隐去了相关信息。

故事一　小 K 的故事

我们一起来听一下小 K 的故事。小 K 是一个女生,她最近经历了四件不愉快的事情。第一件事情是,某天她邀请一个男性朋友——不是男朋友,是男性朋友——下班一起去健身房锻炼。下班后,她邀请他先来家里吃饭,然后一起去锻炼。没想到这个男性朋友把小 K 晚餐时做的汤全部喝掉了——她本来是打算留一些汤第二天自己午饭时喝的。这件事让她心中有点儿不开心,但她却选择没有跟这个朋友说。

第二件事情是,前一年她的奶奶去世了,为了协助爸爸办理奶奶的后事,她付出了很多精力,工作也因此一度停摆,但爸爸非但没有夸奖她,还对她态度很凶。

第三件事情是,她交了个男朋友。有一次因为她爸爸来她这里了,所以她邀请男朋友和他爸爸一起来家里吃饭,但男朋友的爸爸却没有第一时间答应。这让她很不开心,她没有问对方这样做的原因,但却止不住在心里做各种猜测。

第四件事情是,小 K 自己开的诊所需要一个人来帮忙救急。她找了一个人,但是对方拒绝了,这让她不开心——虽然这是一件非常小的事情,是一种非常小的情绪。

这是学员小 K 在非常接近的一段时期里遇到的四件大小不一的事情,我们称之为情绪事件。这些情绪事件看起来是千头万绪的,总结起来似乎有各种各样的麻烦,解决这些麻烦的方法似乎也有很多种。但不一样的是,在这些情绪事件里,小 K 跟你们在前面的自我分析中一样,都有一个比较核心且常犯的错误。

基于"信念共享圈"的原理,"人会在别人身上感知到自己的缺点",所以当周围人的缺点都很类似,解决方法也趋于一致时,自己需要改变的地方也就可以找到。

事件一中,男性朋友没有"正向交换彼此需求"就把汤喝了;事件二中,爸爸没有"正向交换彼此需求"就凶她；事件三中，男友爸爸受到邀约时没有"正向交换彼此需求"；事件四中，小 K 找人帮忙时对方没有"正向交换彼此需求"。

所以，通过映射，我们可以看到，小 K 常犯的错误是，她没有及时地向对方表达自己的需求，并且尝试满足自己的需求。

我们可以理解成这是她"信念共享圈"原理分析下需要提升的点。所以在当下对她而言，她需要学习的内容是对自己付出，对别人表达自己的需求，然后尝试满足自己的需求。

故事二　小 Q 的故事

小 Q 最近也有四个情绪事件。

事件一是，某人前一年向小 Q 借了 10 万元钱，有一天小 Q 发现此人借钱的真实用途是拿去炒股，这让她很不开心。

事件二是，公司上级来检查工作，小 Q 的一个下属没有做好工作，却不与小 Q 沟通，直接甩锅给小 Q，并且越级向小 Q 的上级告状，小 Q 对此很生气。

事件三是，小 Q 的领导在没有经过小 Q 同意的情况下，把小 Q 的徒弟挖走了，对此小 Q 很不开心。

事件四是，领导的一个同事要到小 Q 所在的城市参加考试，领导让小 Q 接待一下。小 Q 和这个人相处了两天。相处的过程中小 Q 觉得跟她在一起很烦，因为她经常跟小 Q 提到情侣吵架、想跳楼之类的负面信息。

现在我们来看看小 Q 的这四个情绪事件中有没有核心问题。核心问题显然是有的，小 Q 的核心问题就是，她需要跟问题对象直接沟通，正向交换彼此的需求。

小 Q 经历的这四个情绪事件尽管真实，但却是琐碎的，每一个事件似乎都有无数种解法。当我们拿着上面的答案再去分析这四个事件的时候，思路会清晰一点。

下面我们试着来分析一下小 Q 的这四个情绪事件。

🎤 互动环节

东叔：Andy，关于事件一，既然小 Q 的核心问题是跟问题对象直接沟通，正向交换彼此需求，那么当她发现某人向自己借 10 万元钱的真实用途是拿去炒股的时候，对她而言，正确的行动应该是什么？

Andy：找到那个借了自己 10 万块元钱的人，告诉他现在需要还钱。

东叔：非常好！注意，关于借钱这件事，生活中小 Q 有许多种解决办法，比如，她可以去找自己的妈妈要钱或者跟别人借钱，先把这个窟窿补起来；她可以向闺蜜吐槽，消除自己的情绪；她可以原谅对方，自己努力工作把这钱赚回来，然后自我反省，等等。很多方法对解决因借钱给别人而造成自己经济紧张的问题是有效的，为什么 Andy 会认为直接告诉对方需要立刻还钱这个方法对小 Q 来说是最好的呢？因为这是她在成长的路上需要解决的核心问题，或者说是她身上一个明显需要提升的地方。当我们找到了自己成长的核心问题，再带着这个问题去面对自己人生中的一些选择的时候，这些选择往往会变得更容易。

我们继续下一个问题。小美，你觉得小 Q 面对事件二，应该怎么做？

小美：先去找到下属，跟他沟通。跟下属谈完以后，还得去跟自己的领导讲清楚这件事情。

东叔：很好。在这件事情上有两个问题对象。从"人生学校论"来看，因为小 Q 一直不喜欢跟问题对象直接沟通，所以老师安排了别人不跟问题对象直接沟通的课程来提醒小 Q。从"信念共享圈"的角度来说，如果小 Q 自己不跟问题对象直接沟通，她周围的人也会拥有和她相同的或者相似的缺点，即不跟问题对象直接沟通，比如她的下属应该跟她沟通的,但下属却绕过了她,选择直接跟她的领导沟通或者说告状,从而给她造成了一定的麻烦。所以,小 Q 解决这件事情的核心方法应该是跟她本来就应该沟通的人直接沟通。

我们继续分析。Sam,你觉得小 Q 面对事件三应该怎么做?

Sam:跟领导沟通。

东叔:对。小 Q 的需求是什么?

Sam:要经过我的同意才可以挖走我的徒弟。

东叔:不,她的需求应该是:别把我的徒弟挖走。

Sam:嗯,明白了,需求是别把我的徒弟挖走。

东叔:非常棒。我们继续分析。广,关于事件四,你觉得小 Q 应该怎么处理?

广:我也不知道。

东叔:看一下小 Q 的核心问题——跟问题对象直接沟通,正向交换彼此的需求。从"信念共享圈"的角度来看,为什么会发生这件事情?

广:应该告诉对方跟我谈话时不要老是充满负能量。

东叔:也可以把这句话倒过来说,请给我一些正能量的沟通,而不是负能量的,对不对?因为小 Q 的核心问题是正向地交换彼此需求。你会发现,"信念共享圈"也好,"人生学校论"也好,生活安排了这么一个负面情绪很多的人来到她身边,并且没有跟她表达需求,从而给她带来烦恼,这都是在提醒小 Q 要正向地跟问题对象直接表达需求。这么说你听明白了吗?

广:明白了。

刚才的互动大家完成得非常好。在我们分析小 K 和小 Q 的情绪事件时,大家可能会有一个疑惑:生活中,我们怎样才能找准自己的核心问题?遇到同样的事件时,为什么"我"采取的方法往往和别人采取的方法不一样?为什么

这种不一样的方法往往对"我"才是最有效的？

这时候，我们需要做的是"芹菜测试"。

什么叫"芹菜测试"？打个比方，我到超市里去买食材，但我不知道我应该买什么，所以我打电话给身边的一些超市购物专家，让他们给我建议。专家一跟我说要买牛肉，专家二说要买鸡蛋，专家三说要买芹菜。我什么都不懂，所以我把这些食材全都买了。我拎着这些东西回到家里，问妻子我买的东西对不对。妻子说这些食材都很好，不过你是个素食者，所以只有芹菜是应该买的。这时候，芹菜变成了唯一正确的购物选择。并不是说牛肉和鸡蛋不好，也不是说专家一和专家二的建议不好，但就我而言，芹菜这个建议最适合我。我再重复一遍，芹菜这个建议最适合我。所以，当我拿着"芹菜测试"，或者说我拿着自己是素食者的认知，我再去逛超市时，我到底该选什么食材就容易多了。

经过我们前面几节课的学习，你们应该已经完成了自己的"芹菜测试"，尽管它很初步，尽管它还不完整，但没有关系，在大部分情况下它依然是可操作的。

我再给大家归纳一下你们"芹菜测试"的结果，或者叫你们需要突破和提升的卡点。

广应该是夸奖和交换彼此的需求；Andy 应该是责任分担、沟通并执行计划；境应该是由内而外地付出，做事后认可的选择，放下权威人物对自己情感上的影响；小美应该是有计划有大局观，以及跟问题对象直接沟通需求；Sam 应该是保护自己，立刻行动，提升上进心；Rain 应该是努力上进，并学会夸奖、认可自己和别人；白龙应该是有计划有大局观，充满爱地与问题对象沟通。具体如图 7−1 所示。

广：夸奖和交换彼此的需求
Andy：责任分担、沟通并执行计划
境：做事后认可的选择，放下权威人物对自己情感上的影响
小美：有计划有大局观，跟问题对象直接沟通需求
Sam：保护自己，立刻行动，提升上进心
Rain：努力上进，夸奖、认可自己和别人
白龙：有计划有大局观，充满爱地与问题对象沟通

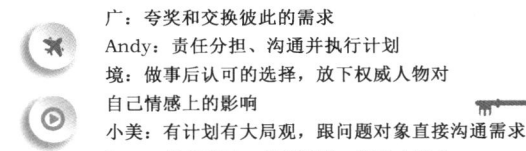

图 7—1　几位学员的"芹菜测试"结果归纳

为了让大家熟悉自己的"芹菜测试"结果，下面我们来练习一下，看看在现实生活中我们应该怎样根据自己"芹菜测试"的结果来解决生活中的问题。

心理学上有一个很有趣的现象，就是当你分析别人的时候，你很容易成为一个心理学专家；当你分析自己的时候，就很容易出现盲点。所以我们今天的练习这样操作：第一个学员讲他在生活中遇到的困扰、困难，或者情绪事件，第二个学员对照第一个学员的"芹菜测试"结果来帮助他。

互动环节

东叔：Andy，请告诉我一个你最近在生活中遇到的让你不开心的、困惑的、不知道该怎么处理的事件，然后 Sam 负责帮助你。

Andy：我最近在找工作，可是投出去的简历都没什么回应。

东叔：非常好。最近找工作，投出去的简历没有回应。Sam，基于责任分担、沟通并执行计划，你觉得 Andy 应该怎么做？

Sam：责任分担？

东叔：责任分担是指我应该做我分内的事情，你应该做你分内的事情。找工作没有回应这件事情，对应的是责任分担还是对应沟通并去推进计划？

Sam：计划。

东叔：应该是沟通推进计划，非常好。既然是沟通推进计划，

Andy 应该怎么做？

Sam：应该跟猎头或者平台沟通一下，看看简历投放的方向是否有问题，或者了解一下为什么没有结果。

东叔：非常好。这就是核心。Andy 必须通过沟通才能够推动这些计划。

Andy：虽然说逻辑是这样的，但是我和猎头联系后他们全都是没有反应的。就是我投了简历后他们没有回应，我也继续跟进了，但他们还是没有回应。感觉跟进完全没有用。

东叔：你觉得跟进没有用？

Andy：不是我觉得没有用，是这些事情我全都做了，依旧没有用。

东叔：很多时候大家会以为自己做了就行了。行动的本身不重要，重要的是我们要通过这些行动改变心态，改正自己的某些不足之处，这样才能突破卡点。Andy 的情况我只能说行动得还不够多。有几个计划我是跟着你一起跟进的，至少从我的角度来看，你行动得还是不够多。也许在你的眼里是，我联系了一下，对方不睬我。等两三个星期后，我再联系一下对方——这个频率就够了。从某种角度来说，也许你应该每天联系一下对方，或者每两三天联系一下对方，直到对方理你为止。沟通并执行计划对每一个人的深度是不一样，只要你开始改变，就一定会有变化，只是变化的大小可能会不一样。所以，Andy 在遇到问题时要学会多沟通，努力推进自己的计划，因为这是你成长道路上需要提升的点，你的许多计划都会因为这个沟通不足而被卡住，只有学会沟通并努力推进，你才能突破卡点。

Andy：明白了。

东叔：我知道你们每个人完成自己需要提升的课题都是很难的，因为这些是我们找出来的你们的弱点和不足之处，是你们成长和前进道路上的障碍，是你们进一步发展的卡点，突破卡点总是艰难的。让广去夸人对他来说是难的，让小美去和别人沟通对她来说是难的，让白龙做计划并形成大局观对她来说是难的。总之，每个人的难点和需要突破的点都不一样。我们一步一步地前进，让生活一点一点地发生变化，这才是最重要的。白龙举手了，你有什么话要说吗？

白龙：我有两个例子，可能会对境的问题有帮助。这是我两个同事身上发生的故事。几年前，我的一个同事给我们公司投简历，那时候我们老板娘是人力资源部的经理，她没有回应这个同事的简历。这个同事直接打电话给我们老板娘，表示他很想获得这个岗位。后来他就被录用了。另外一个同事是我最近面试的，他很想来我们公司，我面试以后，对他有点顾虑，想再考虑几天——但我知道，如果我考虑几天，冷静下来了，我大概率不会录用他。但是，这时候他又主动联系了面试他的人力资源经理，说他一直在等我们的消息。因为他也去其他公司面试了，有公司决定录用他并让他尽快入职，但他更想到我们公司工作。因为这次沟通，我们最后录用了他。

东叔：谢谢你的分享，很棒。Andy 有没有从白龙的两个同事的故事里受到启发？这两个人至少比你更积极主动，在沟通并推进计划方面比你做得更好。

Rain：Andy 的情况和我差不多。半年前，我也是拼命找工作，找来找去都找不到工作。我很能体会 Andy 的心情，因为当我发出好多简历没有收到回复的时候，我也是这样的状态。我可以分享给她一点经验。投简历的时候要多管齐下，发出去几百上千份简历，可能只能得到一两个微小的回应，这时候需要坚持。一开始我是断断续续的，可能一个星期发一次简历，一次发三四十份，但是没有回应。然后我就密集地发简历，每天发一次简历。有一次我一天就发了几百份简历。我是试了几千份简历，失败了大概半年以后才得到现在这份工作的，很不容易。我觉得在这个过程中，我的执行力是比较强的，所以我把自己的经验分享给 Andy。

东叔：太好了，Andy，你听到了吧？人家半年投了几千份简历，这才叫推进。

Andy：我每天投 50 份不够吗？

东叔：够不够我不知道，但你需要提升的点不是投简历，是沟通并执行计划。

Andy：对，所以我首先很感谢 Rain 的分享。

东叔：Rain 分享中说的投简历这件事情只代表了他的决心，你要学习她的决心，并把它用在计划推进的沟通上，而不是你也要投几千份简历。

Andy：我现在基本上每天投近 50 份简历，看到合适的岗位我就会跟他们联系。

东叔：并不是你每天投 3000 份简历或者 30000 份简历就能改变你的现状，而是你每天投 3 份简历或者 50 份简历甚至 500 份简历，但反复地尝试跟对方达成沟通，不管对方理不理你。这个反复不是指 3 次，可能是 30 次、50 次甚至 100 次。相同的情况下，别人可能不需要这样做，但你需要这样做，因为你需要提升的点是沟通并执行计划。

Andy：明白了。

东叔：好，我们继续练习。Sam，你最近的疑惑和不开心的事是什么？

Sam：我现在因为一个收购项目在跟对方的律师沟通，对方的律师明显地不想做事情——这件事情可能对他来说是增加工作量的，但是它对各方都是有利的。

东叔：最近 Sam 遇到一个问题，就是希望推进一个项目，但对方的律师很没有动力。之前我们分析过，Sam 需要提升的点是保护自己，立刻行动，提升上进心。

Sam：我找他的委托人给他压力，此后他也确实有一些反应，但还是动力不足，就是很消极的那种。

小美：Sam如果觉得这个律师不够有上进心，可以直接跟律师讨论一下这件事。

东叔：非常好。首先小美看清楚了，这是上进心课题。其次，小美提出的解决方案也是对的，得想办法提高律师的上进心。有两个方法，一个是Sam直接跟律师沟通，提升他的上进心；另一个是Sam找到自己上进心不足的地方并改正，以此带动对方。这两件事情是可以一起做的。

Sam：上进心这一部分我没有太明白。

东叔：你自己形容律师的时候是说他躺平，很没有动力，而你需要提升的点恰好是上进心。

Sam：这个律师其实很有上进心，对现在手上正在做的案子他就很有动力——他要很快地拿到钱。他不配合我的事情是因为他想要很快拿到手上正在做的案子的钱，如果他配合了我的事情，他就要付出更多的时间和精力，这样就会影响他完成手上正在做的案子的进度。

东叔：怎样做可以让他更有上进心？或者说怎样做能够让他更长远地考虑问题，获得更多的利益？

Sam：我也在想这个问题。

东叔：你可以明确地告诉他，再这样拖下去，不仅你的项目他拿不到钱，他正在进行的并投入了大部分精力的项目也会拿不到钱。

Sam：我目前也没有特别大的把握能阻止他将精力全部放在手上的案子上。

东叔：如果你有足够的上进心的话，你就可以。

Sam：我知道我的前进方向在哪里，现在就卡在那里了。

东叔：既然他想很快地拿到钱，那么你就用自己更快的上进心来阻止他对你的项目消极怠工。换言之,你要通过提升自己的上进心来带动他。下面是小美,请你聊一下你目前遇到的不开心的事情。

小美：我说一下今天发生的一件事。最近几天老板让我们统计每天的业务量。前几天我们都是没有什么业务量的,我想着这样下去是不行的。今天刚好做了一个咨询类的业务,我就把它填到表格里面了——我觉得它比较契合但又不算是特别契合填表所要求的业务。填完以后负责收集表格工作的经理过来问我:"你今天到底帮客户变更了什么业务?"我说:"我实际上没有帮他变更,但是我花了时间跟他一起打电话咨询,协助他办理了业务。"那个经理就说如果没有实际行动的话是不算的。后来我就跟我的部门经理说,为什么这个业务不能算? 我花了一个小时时间帮客户做了咨询,虽然我没有实际操作什么,但是我也花了时间。然后我的部门经理再去跟那个经理沟通,最后给我的反馈是,其实这个统计不是为了衡量我们的工作量——因为最近电信诈骗的问题比较多,对方统计这些并不是要看我们每天做的事情多不多,而是要看看我们有没有把反电信诈骗的事情记在心上。

东叔：我不知道大家听明白了没有,我简单归纳一下。我们先看一下小美之前发现的她需要提升的点:计划与大局观,以及和问题对象直接沟通需求。小美目前遇到的问题是:经理布置了一个业务方面的统计事项,小美发现没什么业务,于是就找了半个业务尝试着填了进去,然后经理说这不是他要的。对此,小美应该如何应对?

小美：因为我已经找到答案了,我想自己回答这个问题,可以吗?

东叔：可以。

小美：其实就是沟通的课题。具体来说有两个问题:第一个问题是,我上面提到有两个经理,跟我说不行的经理其实不是我的部门经理,我当时应该直接跟我的部门经理沟通,问他为什么这个业务不算,要说出我自己的疑惑。第二个问题是,我后来找我的部门经理说,再让我的部门经理跟另外那个经理说,这就绕了一个圈,不是直接跟需求的对象沟通。

东叔:一方面沟通不直接,另外一方面你没有了解到对方的需求——他并不需要你的业务量,他只是想看看大家有没有做好客户风险防范。

小美:是的。我没有跟他沟通需求。

东叔:对,你要弄明白他要什么,然后你给他他要的东西就好了。

希望今天大家回家以后,试着用"芹菜测试"帮助自己找到自己的问题和努力的方向。Andy 是一个特别温柔的人,你让她去推动别人是难的,但这就是她的卡点,她必须突破。Sam 是一个特别善良的人,在没有足够把握的前提下,她真的不想催律师去做这件事情,但事关重大,她必须去做。小美是一个特别尊重长辈的人,你让她直接跟领导去表达自己的需求、问对方的需求是难的,但这正是她要提升的点。我知道你们每个人的功课都是难的,对你们而言,难就对了,难说明你们之前一直没有做到,难说明你们一直没有突破卡点。

生活中的每一件小事都可以通过"芹菜测试"让我们清晰地看到自己应该提升和努力的方向,你们往这个方向前进,坚定信心去做就好了。

现在我们回答今天课程开始时的问题:遇到问题时,我们到底应该示弱还是要强势把控?其实这个问题是没有一个普适答案的,答案取决于你的"芹菜测试"。在图 7-2 中,我列出了一些大家在处理情感时经常会问到的问题这些也是我在第一节课结束时提出的问题,请大家结合自己的"芹菜测试"来回答。

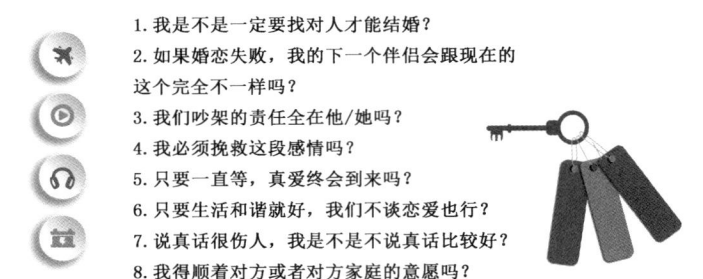

1. 我是不是一定要找对人才能结婚？
2. 如果婚恋失败，我的下一个伴侣会跟现在的这个完全不一样吗？
3. 我们吵架的责任全在他/她吗？
4. 我必须挽救这段感情吗？
5. 只要一直等，真爱终会到来吗？
6. 只要生活和谐就好，我们不谈恋爱也行？
7. 说真话很伤人，我是不是不说真话比较好？
8. 我得顺着对方或者对方家庭的意愿吗？

图 7—2　结合自己的"芹菜测试"回答几个问题

我相信你们的答案是不一样的。比如，我是不是一定要找对人才能结婚吗？答案是不一定。如果你需要提升的点是与人相关的，那么你必须找对人，否则就不是必须的。比如，我的下一个伴侣会跟现在的这个完全不一样吗？答案也是不一定，它取决于你有没有按照"芹菜测试"的结果变成更好的自己。如果你变成更好的自己了，你的下一个伴侣会是全然不同的；如果还是原来的自己，大概率你的下一个伴侣还是拥有和上一个伴侣差不多的缺点。这个我们在之前的课程中讨论过。

生命中的许多问题都是没有普适答案的，但会有一个特别适合你的答案。我们反复强调的"芹菜测试"就是指这个答案是最适合你的。

希望大家能够通过"芹菜测试"更精准地找到自己需要改变和提升的地方，变成更好的自己，从而拥有更好的人生。

08 突破倦怠卡点：探寻原因，找到情感升温及关系保鲜的方法

> 生活中有时候会出现这类情况：我们在跟和自己有亲密关系的人——女朋友、男朋友、妻子、丈夫——相处的时候，心里会出现一些想法，比如说我累了，我不开心，你没有照顾好我，我只想独自待会，我不喜欢你这样说，我已经很努力了，我哪里不如别人，少看不起人，你一点都不在乎我的感受……
>
> 有些问题是绕不开的，如果在成长的道路上，我们有弱点或者需要突破、提升的点，我们必须面对并解决它。只有解决了它，我们才可能真正由"山重水复疑无路"的状态进入"柳暗花明又一村"的状态。

我们今天讲的是情感倦怠的原因与突破。我们先来聊一些常见的情况：现实生活中，你们有没有出现过这类情况：在跟一个异性——女朋友、男朋友、妻子、丈夫——相处的时候，心里会出现一些想法，比如说我累了，我不开心，你没有照顾好我，我只想独自待会，我不喜欢你这样说我，我已经很努力了，我哪里不如别人，少看不起人，你一点都不在乎我的感受，等等。

我们先来看看大家在现实生活中有没有产生过与图8-1所示的9条内容相似的感觉。

1. 我累了
2. 我不开心
3. 你没有照顾好我
4. 我只是想独自待会
5. 我不喜欢你这样说我
6. 我已经很努力了
7. 我哪里不如别人
8. 少看不起人
9. 你一点都不在乎我的感受

图 8—1　情感倦怠的表现

互动环节

Andy：有，我经常会有。

东叔：这里面有几条？

Andy：第 9 条，我觉得直男一直都不懂女生的心理。

东叔：第 9 条，就是"你一点都不在乎我的感受"，好的。广，这 9 条里你有没有类似的想法？

广：有。第 1 条、第 2 条、第 5 条和第 6 条。

东叔：好的。Rain，这 9 条里你有没有类似的想法？

Rain：我觉得类似的想法还挺多的。比如说你没有照顾好我，我不喜欢你这样说我，我哪里不如别人了，少看不起人，等等。

通过刚才的讨论，我们发现大家都或多或少地有一些感受是与图 8-1 中所列出的内容相似的。仔细分析一下我们会发现，这 9 条内容其实是有一个共性的，那就是需求。我们来仔细分析一下。

先看第 1 条：我累了。这是有一个潜在需求的，这个需求就是我需要休息。第 2 条：我不开心。这也是有潜在需求的，需求就是我希望能够开心一些。第 3 条：你没有照顾好我。这同样是有潜在需求的，需求就是你要照顾好我。总之。这 9 条里，每条都是有潜在需求的。如果说这 9 条中所列出的现象是我们对情感倦怠的一种表现,那么导致这种情感倦怠期的原因则是我们的需求没有被满足。那么,怎样才能够让我们的需求得到满足呢?

我们先做一个小的沟通,我需要大家回答一个问题:请问你们在和另一半相处的时候,对他/她的需求是什么?不管你们现在是已婚状态、单身状态,还是想要恋爱状态、想要单身状态,想象一下你跟另一半相处的时候,你对他/她的实际需求是什么? 就是你需要他/她能够为你做什么。

接下来我将是一个速记员,你们说什么我就记录什么。

🎙 互动环节

东叔:我们从广开始。

广:沟通。

东叔:沟通?

广:就是明白彼此的心意。

东叔:我希望她懂我,是这意思吧? 我先把它记下来:懂我。还有别的吗?

广:暂时没有。

东叔:好的。Andy,你怎么想?

Andy:要绝对信任我,支持我。

东叔:信任和支持。

Andy:信任就是彼此很坦诚。

东叔:坦诚。

Andy:支持就是字面上的意思,就是我做事情的时候他能支持我。

东叔:我希望他支持我,对我坦诚。

Andy:对。

东叔:小美,你对另一半的需求是什么?

小美:就是有合适的距离,目前我们的距离太远了,这不是我的理想距离。

东叔：是希望他在身边？

小美：他在身边的话，我希望他能够给我空间的那种。

东叔：希望他在我的安全范围内？希望在我内心安全范围内的陪伴，是这样吧？

小美：对的。

东叔：Sam，你对另外一半的需求是什么？

Sam：支持。

东叔：还有别的吗？

Sam：没有。

东叔：支持我的一切决定吗？能把支持的内容再细化一点吗？

Sam：不管对错都支持。

东叔：不管对错都支持我。好的，我记下来了。

东叔：Rain，你对另一半的需求是什么？

Rain：陪伴、赞美和欣赏我，舍得为我花钱，真诚。

东叔：白龙，你对另一半的需求是什么？

白龙：真诚和陪伴。

东叔：好的。

我来总结一下大家对另一半的需求：广希望她能够读懂我；同时我也能够读懂她；Andy 希望他对我坦诚并支持我；小美希望他在我内心的安全范围内陪伴我；Sam 希望不管对错他都能够支持我；Rain 希望他能够陪伴、赞美我、欣赏我、舍得为我花钱、真诚。汪希望他真诚并能够陪伴我。具体如图 8－2 所示。

广：她能读懂我，我也能够读懂她

Andy：坦诚和支持

小美：在我内心的安全范围内陪伴我

Sam：不管对错都支持我

Rain：陪伴、赞美、欣赏、舍得为我花钱、真诚

白龙：真诚和陪伴

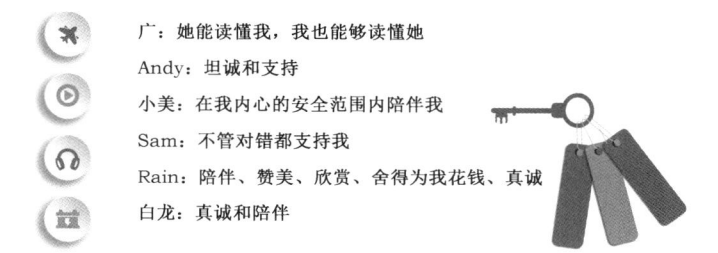

图 8-2　和另一半相处时，大家对另一半的需求归纳

你们有没有发现，大家的需求是有一些共性的。陪伴出现的频率比较高，然后是支持、赞美、欣赏等，换句话说，认可和赞美也很重要。根据我的研究，我们在和另一半相处时，最常见的需求其实只有两种：女生希望获得高质量的陪伴，这种陪伴能够给予她们安全感。这里的安全感有时候可以变化成其他东西，比如说给我财富，这其实也是一种安全感——并不是我需要你的财富，而是它可以成为你对我的爱情的证明。同样，你赞美我的容貌也会给我安全感，你请我吃烛光晚餐也会给我安全感——总之，女生需要安全感，这个安全感是你通过赞美、陪伴、支持、认可给我的，具体的方式并不重要，重要的是，我们在和另一半相处的过程中，需要安全感。男生则需要夸奖、支持和认可。当然，这只是我个人在工作过程中进行的归纳总结，不一定准确，但多少有一些代表性。

接下来就是一个既简单又复杂的问题了：女生怎样才可以得到另一半高质量的陪伴？男生怎样才可以得到另一半的夸奖、支持和认可？

互动环节

东叔：我们先从广开始。广，你需要突破和提升的点是夸奖——所以你希望别人夸你。那么，怎么样才能做到让别人夸你？

广：不知道。

东叔：你首先得夸自己。

广：夸自己？

东叔：我得认可自己，夸自己，这样别人才会夸我——让爱像光一样聚焦在我身上，别人才会爱我。我像小溪里的石头一样，变成水晶，才会变得发光。我像苹果树一样，把自己的果实变甜，才能够吸引别人。我像学校里的学生那样不断提升，老师才会给我奖励。总之，改变自己，才能够以此为核心改变周围的人。

广：老师，我想问一下我要夸到什么样的程度呢？

东叔：你不是毫无依据地夸自己，而是要有理有据地夸自己。换言之，你得有行动，并且这种行动你认为是值得夸奖的。至于夸奖到什么程度，这不是我说了算的，也不是你说了算的。按照我们之前介绍的"信念共享圈"理论，如果你周围的人开始夸你、认可你、支持你了，说明你的自我夸奖就够了，否则就不够。

广：好的。

东叔：这个逻辑现在听懂了吗？我不是等到别人夸了我，我再夸自己，这样做其实有点像我希望镜子里面的我先变化，然后我再变化似的，这是不合理的。我们只有先改变自己，别人才会随着我们的改变而改变对我们的态度。广，我可以就这个话题针对你的情况讲得再深一点。比如说，最近你想要追求一个女孩子，但现实生活中你跟你妈妈的关系还不够好。那么一种情况就是，如果你不能在你跟你妈妈的关系方面为自己感到骄傲，无法在母子关系上夸自己的话，那么大概率你是很难吸引另外一个人加入你的家庭的。根据我对你的观察，我觉得这也是你需要努力的方向。之前我们提到过这件事情，你也说前两天跟妈妈吵架是不应该的，等等。

广：明白了。

东叔：Andy，你觉得怎样可以让你更有安全感？

Andy：多沟通。

东叔：多沟通。那么现在你们之间有没有什么问题？是谈不拢的吗?

Andy:没有。

东叔:所以彼此现在是坦诚的和相互支持的。

Andy:对啊。

东叔:说明现在的沟通是好的,而且你们的关系现在也是彼此认可的。

Andy:嗯,是。

东叔:很好。保持这样的状态,通过你的坦诚,通过你的沟通和你的责任分担,做到彼此能够坦诚,构建一个良好的关系——这样会让你产生安全感,这种安全感会让你对这段感情放心,而这种感受对女孩子而言特别重要。我们继续。Sam,你的需求是"不管对错,对方都支持我",你觉得应该怎样才能做到?

Sam:保护自己,立即行动。

东叔:看来大家已经知道答案了。为什么在保护自己、立刻行动和提升上进心以后,不管我做得对还是错,都可以得到别人的支持?

Sam:其实不管对错对应的就是立即行动,支持对应的是自己保护自己,但是上进心在这里好像没体现出来。为什么上进心没对应出来?

东叔:我如果有一颗积极上进的心,始终处于积极上进的状态,每个人都会喜欢我。因为喜欢,他们当然也会支持我。这里的不管对错都会支持我,并不代表你做了错误的事情他们也会支持你的错误,而是代表他们可以包容你、理解你,当然,也代表随着自我信念的提升,你做错事情的概率会越来越低。

Sam:明白了。

通过上面的讨论我们发现,只有当我们克服了自身的弱点,即我们突破了自身成长的某些卡点或者完成了自我提升的点以后，我们才能够在和另一半相处的过程中获得满足并且满足对方的需要，建立良性的亲密关系。这个问题说起来容易，做起来其实挺难的。很多时候，我们会知难而退，或者止步不前。因为亲密关系的建立真的很难，让广夸自己或者跟他妈妈达成一个良好的关系，很难。让 Sam 每天动力十足、拼命前进，很难。我们每一人都曾或多或少地被亲密关系伤过，很多人的伤口还没有痊愈。就算伤口痊愈了，也会对亲密关系或多或少有些害怕。所以，我有一个问题需要大家讨论：因为建立亲密关系实在太麻烦了，我们能不能通过先提升个人成就的方法提高自信，等有了成就和自信以后再来建立亲密关系？比如说我先财富自由了，或者我先成了一个艺术家、一个工程师、一个自己真正想要成为的人，拥有了自信以后，再来建立亲密关系，行不行？

互动环节

Andy：我觉得所有的事情都是同步发生的，没有什么先后顺序。亲密关系它只是一种体验、一个聚焦，我们在亲密关系里解读的其实是我们在个人成长的过程中没有做好的事情。这些事情在亲密关系中是这样呈现的，在别的地方还会有其他的形式呈现。

东叔：它为什么会以其他方式呈现？它又是怎么样呈现的？

Andy：比如说沟通问题。如果我的沟通问题没解决，碰到老公就会跟老公吵架，碰到妈妈就会跟妈妈吵架，碰到老板就会跟老板吵架——跟谁吵架其实是表面现象，实质上都是沟通问题。

东叔：有意思的想法。Sam，你怎么想？我们可不可以先成为一个 CEO，然后再谈恋爱？因为恋爱好难。

Sam：可以啊。

东叔：为什么可以？

Sam：为什么不可以？

东叔：好的。我们看看还有没有其他答案。小美，我可不可以暂时不管老公是否在我需要的安全范围内——因为这个问题解决起来好难——先去成为一个培训师或者成为一个厉害一点的人力资源管理者？

小美：可以是可以，但是可能你要花特别长的时间，而且当你想要追求别的东西的时候，你自己原本没有解决的问题，比如说沟通问题，它可能会成为你想要追求的东西的阻碍，所以还不如踏踏实实地先解决自己面临的问题——在解决的过程中你提升了自己，你的自信也就跟着来了。

......

现在我们有三个不同的答案，Andy 认为不可以，Sam 认为没问题，小美认为可以，但很难。为了帮助大家更好地分析这个问题，我先跟大家分享一段自己的经历。

很久以前，我遇到了一个成长课题——这个课题其实我到现在还没有完成——这个课题叫专业自信。那时候我在一家银行上班，有一个小的职务。当时我的一些同事排挤我，并且跑到行长面前说我的坏话，这种情况当然让我觉得很不好。那时候我已经学会分析自己的情绪了。分析完以后，我发现出现这种情况的原因是我对自己的专业不够自信。当时我的业绩也因此受阻，一度止步不前，一直在行里排第二——我很早就做到排名第二的业绩了，可此后连续好多年，我的业绩一直在行里排第二，即便我的业务量比最初翻了 10 倍，我还是在行里排第二，原地不动。这些情绪累积得越来越多以后，我用当时掌握的心理学知识对自己的状况进行分析，发现我的卡点其实是来自专业自信——换言之，我需要提升我的专业自信。这个分析结果让我很疑惑也很为难："我为什么要提高对银行工作的专业自信？"我觉得自己并不喜欢做银行工作——所以当时的我很痛苦，也不知道自己前进的方向是什么。

也就是在那个时候，我认识了之前案例中提到的小 Q。当时小 Q 一直遇到各种问题，比如她的下级总是越过她向上级沟通。有一次，她的下级做错了一件事，她正在想要不要去惩罚下级或跟下级沟通的时候，下级却已经找到她的上级领导并且还告了她的状，这把她气得半死。还有一次，小Q去相亲，她对相亲对象还挺满意的，她妈妈却在背后说她根本配不上这个相亲对象，这件事情也把她气得半死。我们一起分析了一下，发现小Q需要提升的点是跟问题对象直接沟通。

再回到我自己的问题。我的问题是需要提升专业自信，但我对银行的工作并不感兴趣，所以我很难在银行的工作中建立真正的专业自信。我决定换工作——我觉得只有在自己喜欢的领域，我才能够建立自己的专业自信。

我辞去了银行的工作，选择去当老师，因为我喜欢当老师。我先是在一个很小的地方教书，教了三个月，然后去上海某大学教书——我是其海外教育学院和继续教育学院的高级讲师。再后来我去汇丰银行教书，去浦发银行教书——到后来，一些排名靠前的世界500强企业我都去教过书。慢慢地，我的专业水平越来越高。在专业自信这个课题上，我一步步地提升自己。即便如此，我依然常常担心自己的课讲得不够精彩。基于这种担心，前不久，我加入一个脱口秀团队，跟他们学习怎么把课程讲得更有趣。在专业自信的培养上，我从来没有停止过前进的步伐。在此期间，我获得了幸福的生活。如果我没有做到专业自信，我就无法获得生活和事业的全面丰收。

再来看看小Q的情况。她一步一步从月薪3000元做到30000元，又找到一个死心塌地爱着她、月薪50000元的男友，两人的爱情修成正果。他们买了一套湖景房，并打算自己创业。在这个不断上升的过程中，小Q意识到自己的奋斗方向是成为一个专业型的领导。在成为专业型领导的道路上，她需要克服的弱点是跟问题对象直接沟通。

我在这里和你们分享了我和小Q的经历，通过我们的经历，你们应该能够明白我想告诉你们的问题答案。是的，有些问题是绕不开的，如果在你自身的成长道路上，你有某个弱点，或者有某个需要突破和提升的点，你必须面对并解决它。只有解决了它，你才能够成为更好的自己，你在生活和工作中遇到的一系列问题才有可能真正得到解决，你才可能由"山重水复疑无路"的状态进入"柳暗花明又一村"的状态。

09 突破财富卡点：怎样走出亲密关系的创伤，化解对亲人的怨恨和对财富的恐惧

> 在接受心理咨询的过程中，大多数心理咨询师都会跟咨询者说童年创伤，或者说咨询者的问题中有家庭因素在里面，或者说咨询者在成长过程中有过一个伤口并且没有痊愈，等等。这种分析当然是有道理的，但是从技术层面掌握它们蛮难的。
>
> 为了帮大家找到如何走出亲密关系的创伤的答案，我们把小K长达两年九个月的咨询内容精选出来，大家一起做她的心理咨询师，一步一步地帮助她解决问题——我们将从小K的身上看到成长，学会如何走出亲密关系的创伤，化解对亲人的怨恨和对财富的恐惧。

今天讲的是如何走出亲密关系的创伤。

在接受心理咨询的过程中，大多数心理咨询师都会跟咨询者说童年创伤，或者说咨询者的问题中有家庭因素在里面，或者说咨询者在成长过程中有过一个伤口并且一直没有痊愈，等等。这种分析当然是有道理的，但是从技术层面掌握它们是蛮难的。

为了帮大家找到如何走出亲密关系的创伤的答案，我们还是像之前做过的那样，从真实的案例入手。这个案例我们在前面的课程中曾提到过，我称其为小K的故事。小K是真实存在的，征得她的同意，我把她的故事拿出来作为这节课的案例。我希望大家从这个案例中可以看到小K的故事，看到她童年

的创伤,和我一起经历一段小 K 的心理咨询之旅。我会把小 K 持续几年的咨询活动浓缩在一小时内,在这一个小时里,你们将化身为心理咨询师,和我一起全心全意地帮助小 K。通过帮助她,你们会发现小 K 的故事是很神奇的,她几乎拥有你们所有人心中的痛,你们会在她的故事里面找到共鸣。在帮助她的过程中,你们也会找到自己成长的方向。

小 K 的故事我们之前讲过一些,我们先简单回顾一下。小 K 有过几个情绪事件。一是她邀请一个男性朋友去健身房锻炼,锻炼前小 K 做了汤并邀请他一起进餐。结果这个男性朋友把她打算留着第二天午餐时喝的汤也喝了。二是小 K 为了协助爸爸料理奶奶的后事,花费了很多的时间和精力,但却没有得到爸爸的表扬,相反,她的爸爸还凶她。三是小 K 交了个男朋友,有一次小 K 的爸爸要来家里和小 K、小 K 的男朋友一起吃饭,并邀请小 K 男朋友的爸爸一起来,对方却没有第一时间答应。四是小 K 的诊所人手不够,临时需要一个人来帮忙救急,小 K 找了一个朋友,但对方却拒绝了。这四个情绪事件我们进行过分析,我们发现小 K 的核心问题是需要跟别人表达需求,然后尝试满足自己的需求。

今天我把小 K 的故事讲得稍微深一点。当然,小 K 的故事我会基于真实故事稍做修改。为了保护来访者的隐私,我们在咨询的时候会要求来访者提供化名,还会要求来访者在讲述的过程中隐去地址、公司名和任何跟名字有关的信息。所以这只是一个案例,如有雷同,纯属巧合。

小 K 从小跟妈妈一起长大,她爸爸在她两三岁的时候就跟她妈妈分手了,小 K 的妈妈一个人在异国他乡带着小 K 长大。小 K 一直都在尝试抚平妈妈的伤口,但总是会忽略自己的伤口。她花了十几年的时间去找她爸爸,最终她找到了爸爸的联系方式,当然她妈妈并不愿意她去找她爸爸。小 K 悄悄存钱买了机票去了另外一个国家,想见爸爸一面。见面以后,小 K 意识到自己此前的人生似乎一直在尝试得到爸爸的认可。在她童年的认知中,她总觉得是因为自己不够好,所以爸爸才离开了自己。小 K 觉得对别人付出、得到别人的认可是合理的,所以她最终的问题是帮助别人多过帮助自己——这也是为什么在第一次短短的咨询过程中,她通过四个情绪事件向四个人表达了需求,然后尝试满足自己的需求,这是小 K 故事的背景之一。

现在我们来看一下时间,小 K 第一次找我咨询的时间是 2019 年 6 月。今天的课程很有意思,我们会随着时间线的推移,看到小 K 的心态变化,看到她的成长。

图 9-1 是 2019 年 6 月小 K 第一次来找我时讲述的四个情绪事件。

1. 一起锻炼的男生把我准备第二天中午喝的汤喝完了
2. 为了协助爸爸料理奶奶的后事,我付出了很多,我的诊所因此停摆,却没有得到表扬,而且爸爸对我的态度还很凶
3. 邀请男朋友的爸爸来家里一起吃饭,对方却没有第一时间答应
4. 我的诊所需要对方来救急,对方却拒绝了

图 9-1　第一次咨询时小 K 讲述的四个情绪事件(2019 年 6 月)

这些我们在之前的课程中讲过,我当时给她的建议是:跟事件中的所有人表达需要,然后尝试满足自己的需求。现在我们直接从下一个时间线开始,请认真听这个故事。这次也是四个情绪事件,是小 K 2021 年 4 月第二次咨询时讲述的。

事件一:小 K 的房子是小 K、小 K 的妈妈和小 K 室友三个人共同居住。这个室友不喜欢沟通。有一次,室友帮别人养了一只猫。小 K 的妈妈知道以后,对室友说:"你要把猫赶出去,因为我们不想养猫。"结果这个室友在没有跟小 K 或者小 K 的妈妈做任何沟通的情况下就收拾好行李,搬走了。

事件二:小 K 的生日到了,某男生要给她送花,她不开心,因为她跟这个男生已经分手了,只打算做普通朋友。小 K 希望他不要突然对自己热情。

事件三:小 K 是生活在美国洛杉矶的华人。有一次小 K 去教堂,有一个东北男生直接问她年龄,后来还去教会网站查小 K 的资料,小 K 觉得这个男生很不礼貌。

事件四:小 K 的诊所里有一名员工很懒,小 K 安排给她的事情明明当天可以做完,她却总是拖到第二天才完成,并且常常为自己的拖延找借口。小 K 希望她不要找那么多借口,要跟自己多沟通。

这就是小 K 第二次咨询时讲述的四个情绪事件,如图 9-2 所示。关于这四个情绪事件,你们对小 K 有什么建议?

1. 室友不喜欢沟通,她帮别人养了一只猫,但没跟我妈讲。我妈妈知道后让她把猫赶出去。然后,她就在没跟我沟通的情况下决定搬走

2. 我的生日到了,某男生要给我送花,我不开心。因为我们已经分手了,只打算做朋友。我希望他不要突然对我热情

3. 有个男生一直问我的年龄,还去教会网站查我的资料,我觉得他不礼貌

4. 我有一名员工,她很懒。我分给她的事情明明当天可以做完,她却拖到第二天,还会找借口。我希望她不要找那么多借口,要和跟我多沟通

图 9-2 第二次咨询时小 K 讲述的四个情绪事件(2021 年 4 月)

🎤 互动环节

东叔:Andy,请回答我的第一个问题:我们之前分析过,小 K 的核心问题是关注并表达自己的需求,请问室友带着猫离开这件事说明了什么?

Andy:我觉得是提醒小 K 要关注并表达自己的需求。

东叔:非常棒。如果我不喜欢你赶走我的猫,我应该说出来,而不是什么都不说,抱着猫就离开,对不对?

Andy:对。

东叔:所以从"人生学校"的角度看,这就是一个坏的老师,而这个坏的老师是来提醒小 K 她身上其实存在着类似问题的。

第二个问题会难一点点。Sam,我们现在找到了事件一中提醒小 K 需要提升的点,即关注并表达自己的需求,请问你会建议小 K 怎么做?换言之,怎么做才可以让她将来遇到类似的问题的概率变小?

Sam：关注并表达自己的需求。

东叔：你有什么样的练习或者有什么样的建议给小K？如果你是心理咨询师，你要给她布置作业的。

Sam：关注并表达自己的需求，就是当她不开心的时候，当她觉得有问题的时候，先不要自己一个人在那里猜想，要去跟相关的人沟通。

东叔：我觉得这会是一个进步，挺好的。现在我们来看第三个问题。这个问题是关于事件二的。小K的生日到了，某男生要给她送花，但她并不开心，因为她觉得自己已经和他分手了，不希望这个男生突然对她热情。广，你觉得这个事件对应的是小K需要提升什么点？

广：不知道。

东叔：刚刚我们已经列出了小K在成长过程中需要突破和提升的点，一是关注并表达自己的需求，二是对自己的付出程度要匹配对别人付出的程度——我们在之前的事件中不难看出，小K帮助别人多过帮助自己。换言之，她过于在意别人的感受，并因此常常忽略自己的需求。

广：我觉得事件二对应的是"对自己的付出程度要匹配对别人的付出程度"这一条。

东叔：为什么？

广：这个男生送花了。

东叔：可是她不想要男生送花。

广：应该直接表达自己的需求。

东叔：对，非常好，这里对应的应该是表达自己的需求。小K不喜欢这个男生送花给她，不喜欢这个男生突然对她热情，这种感受直接说出来就好了。小K不说，在心里憋着，然后又觉得不开心，这种处理问题的方式是不对的。

广：明白了。

东叔：很棒。如果你是心理咨询师，关于这个问题，你会布置什么样的作业给小 K？

广：让她直接跟那个男生讲清楚。

东叔：很好。小 K 对这个男生讲清楚自己的感受以后，并不一定能扭转这件事情，因为这件事情的不开心已经造成了。就好像如果她跟室友再做一次沟通，室友有可能会留下来，但也有可能她已经找到房子了，不会选择继续留下来。所以，对于已经发生的事情，这些做法不一定能够扭转和改变它们的状态。但是，当小 K 意识到自己在成长过程中需要突破的卡点之后，在未来的处事过程中，她会关注并表达自己的需求，这对她来说是重要的。

随着我们对小 K 的生活一点点剖析，大家会有更多的领悟。我们接着看事件三。有个男生一直问小 K 的年龄，还去教会网站查她的资料，小 K 觉得他很不礼貌。境，这个事情对应了小 K 需要解决的什么问题？

境：表达自己的需求。

东叔：非常好。提醒她要表达自己的需求。那么，有什么方法可以让小 K 练习一下表达自己的需求呢？比如，她可以跟室友表达需求，她可以跟送花的男生表达需求，她可以跟问年龄的男生表达需求。这些表达大概率对已经发生的事情没有什么改变，她因为这些事情而产生的不开心已经产生，但她必须从这些事情中找到自己身上的弱点或者需要提升的点，慢慢养成遇事敢于直接表达自己需求的习惯，这样未来她的生活才有可能会发生改变。境，如果你是心理咨询师，你会布置什么样的作业让小 K 去练习？

境：我会让她先试着跟自己沟通，然后再跟比较亲近的人（比如父母、子女）沟通，最后再跟关系远一点的人沟通。

东叔：你的理解比较深刻。你明白我们需要寻找到那个在她成长的过程中真正影响到她的人。

接下来我再讲一些小 K 的成长背景。从小 K 两三岁起，她妈妈就很恨她爸爸，所以在小 K 懂事之后，她妈妈一直要求小 K 打电话给她爸爸，向他要抚养费。可是她爸爸从来没有给过她抚养费。直到小 K 念完大学，她都没有拿到过爸爸一分钱的抚养费。所以在小 K 成长的过程中她并不是没有表达需求，她曾经多次在别人的强迫下以非常不爽、非常不开心的方式逼着自己去表达需求，只是这些表达从来没有得到过回应。

现在你们明白了吧，小 K 并不是不具备表达需求的能力，她只是不觉得自己表达需求后会有好的效果。她对别人的付出多过对自己的付出和不敢表达需求这二者间其实是有因果关系的，如果我们能够深入地理解她的状态的话，就可以更好地帮她。

🎙 互动环节

东叔：我们继续看事件四：小 K 的诊所里有名员工很懒，小 K 安排给她的事情明明一天可以做完，她却总是拖到第二天才完成，并且常常找借口。小 K 希望她不要找那么多借口，要跟自己多沟通。Rain，你觉得这个事件对小 K 来说是在提醒她需要提升什么点？

Rain：表达需求。

东叔：非常好。正常情况下，这个事件提醒的可能是与努力上进有关的问题，或者是一个计划与大局观的问题。但我们之前分析过，小 K 在讲述这个事件时，她表达的是"我希望她不要找那么多借口，要跟我多沟通"，这一点看上去似乎有点奇怪，小 K 并没有说"我希望她勤快一点"，或者"我希望她在一天之内把事情做完"。没有，她的核心点是"我希望她不要找那么多借口，要跟我多沟通"，所以这是个表达需求的提醒。非常好。Rain，如果你是心理咨询师，你会给她布置什么样的作业？

Rain：遇到事情的时候，尽量选择直接和相关人员沟通。

这是 2021 年 4 月的事情,大家看到了,这离小 K 2019 年第一次咨询已经过去近两年的时间了。刚才大家都提出了自己对小 K 的建议。图 9-3 是我当时给小 K 的建议。

> 1. 沟通彼此的需求并达成一个大家都接受的方案,注意该方案中爱自己的程度要至少匹配爱别人的程度。为此,需要做到以下两点:
> (1) 对自己付出的程度要匹配对别人付出的程度
> (2) 不是自己愿意付出的部分不要付出
> 2. 有情绪时要跟自己的内心保持沟通
> 3. 自己有需求要尽快回复自己,尤其是爱情

图 9-3　2021 年 4 月小 K 第二次咨询后东叔给出的建议

我让她遇事要反思,关注并表达自己的需求,对自己付出的程度要匹配对别人的付出程度。我对她说,有情绪时要跟自己的内心保持沟通,自己有需求时要尽快地回复自己,尤其是爱情。

小 K 并没有养成在相对固定的时间里进行心理咨询的习惯,她不是我的心理咨询对象,她是我当年的朋友。小 K 通常的做法是,她总是希望自己状态好了再来找我,而不是在状态不好、有问题的时候来找我——事实上持续的咨询才可以让状态保持在一个好的状态,而保持好的状态才可以不断突破、达成更好的人生。所以保持一定频率咨询,直到人生改变已经趋于稳定才是一个好的习惯。小 K 在第一次咨询后拖了两年才进行第二次咨询,第二次咨询后拖了 5 个月,即 2021 年 9 月才第三次咨询我。小 K 这次带来了一些好消息(见图 9-4)。

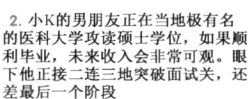

图 9－4　2021 年 9 月，小 K 第三次咨询时带来的几个好消息

1. 小K恋爱了，对方是个很棒的男生
2. 小K的男朋友正在当地极有名的医科大学攻读硕士学位，如果顺利毕业，未来收入会非常可观。眼下他正接二连三地突破面试关，还差最后一个阶段
3. 前几天妈妈在考虑跟爸爸复合，但沟通以后又放弃了这个打算

第一个好消息是，小 K 恋爱了，对方是个很棒的男生。小 K 一直有追求者，但她始终没有遇到自己真正喜欢的男生，这一次她恋爱了。小 K 的男朋友在当地极有名的医科大学攻读硕士学位，如果顺利毕业的话，未来他的收入会非常可观。当时她的男朋友正接二连三地完成一场场面试，还差最后一个阶段就可以被录用了。注意，当时小 K 和她的男朋友进行的是长距离异地恋。第二个好消息是，前些天小 K 的妈妈在考虑跟她爸爸复合，但在沟通以后又放弃了这个打算。在我看来，这算是一个好消息——至少他们有考虑复合。你们想想，他们分开多少年了？这些好消息给小 K 的生活带来了极大的改变。同时，小 K 又有新的问题向我求助（见图 9－5）。接下来请大家一起帮助小 K 做进一步的改善。

1. 小K担心她男朋友面试的最后一关不顺利，担心他的口语和自信程度。他对面试没有想法，也没有经验，准备不积极，每次面试都要人催
2. 小K的爸爸经常助人，甚至还照顾过别人的孩子，可小K作为爸爸的亲生女儿，却从未在他那里得到过哪怕一点点的关怀
3. 男朋友这两年上学挣不了钱，小K希望他在花钱问题上要多与自己沟通。他想努力存钱给小K买戒指，他不想用爸妈的钱给小K买戒指

图 9－5　2021 年 9 月小 K 第三次咨询时遇到的问题

互动环节

东叔：小 K 的第一个问题是，她担心她男朋友面试的最后一关不顺利。我问她具体担心什么，她说她担心男朋友的口语和自信程度，因为男朋友对面试并不上心，没有想法，没有经验，不积极准备，总是需要她来催。Andy，小 K 担心男朋友面试最后一关不顺利这件事情，表面上看这是她生活中的一件琐事，从我们之前对小 K 的分析来看，这种担心在提醒她什么？

Andy：对自己付出的程度要匹配对别人付出的程度。

东叔：没错，就这意思，非常好。现在我把问题再提得难一点，请问她该怎么做？如果你是心理咨询师，你会给她布置什么样的作业？

Andy：建议她专注自己的事情，好好准备自己要做的事情。

东叔：她自己的事情是什么？

Andy：她看到的是她男朋友因为不上心，所以面试的最后一关可能会不顺利，我觉得这可能是在提醒她应该更专注自己的某些事情。

东叔：非常棒，你看到一个关键词：最后一关。男朋友的最后一关不顺利，小 K 的这种担心其实对应的是她自己的最后一关——这一关是攻克自己跟爸爸的关系壁垒，因为她的心中对爸爸一直有恨没有放下。Andy 能够观察到"最后一关"，真的很棒。

我在这里需要提醒你们的是，我选小 K 的故事让你们来分析是有原因的，这个案例我是精心选择的。因为在小 K 的故事里，你们每个人都能够找到自己需要提升的点。比如，小 K 的男朋友对面试这件事不上心，让小 K 担心，这件事情其实映射了 Sam 现在的状态。小 K 在心理上一直受到她爸爸也就是她的权威人物的影响，她要成长就必须学会摆脱权威人物对她的影响，这其实也是境目前需要解决的问题。小 K 需要跟人沟通,这也是小美和 Rain 需要解决的问题。小 K 因为爸爸的关系不知道怎么跟妈妈相处,这也是广需要解决的问题。小 K 不够爱自己,不懂得夸自己,小 K 总是往前推进别人的计划,但自己的计划总是卡壳,这也是 Andy 需要关注的事情。小 K 对她爸爸有很多的恨,我相信大家能够看到这个恨,她有一万个理由去恨她爸爸,但她最终必须把恨转化成爱才能在心中把这一切事情放下,而充满爱地去沟通正是白龙要解决的问题。小 K 的问题适用于你们所有人,我们在帮助她的过程中,也一定可以帮助到自己。

我们继续讨论。

互动环节

东叔:我们来看小 K 在第三次咨询时讲述的第二个问题。小 K 的爸爸经常帮助别人,甚至还照顾过别人的孩子——她爸爸一度领养过一个孩子。但是,她爸爸对小 K 却一毛不拔,作为亲生女儿,小 K 从未得到过父亲哪怕是一点点的关怀。请注意,这是小 K 生气的点。小美,请问这个事情在提醒小 K 什么问题?

小美:对自己的付出程度要匹配对别人付出的程度。她爸爸关心别人的孩子超过关心自己的孩子,就像小 K 总是对别人付出更多而对自己付出很少一样。

东叔:非常好。如果你是心理咨询师,你会给小 K 什么建议?

小美:我也不知道具体的建议,但是大的方向是建议她要将对自己付出放在首位。

东叔:解释一下对自己付出。

小美:就是当她在处理事情时,如果不知道自己这么做有没有问题,就先多考虑自己。

东叔:好。我们继续看下一个问题。小 K 的男朋友这两年上学,挣不了钱,在花钱问题上小 K 希望他能够和自己多沟通。另外,男朋友想努力存钱给她买戒指,他说不想找爸妈要钱给她买戒指。境,请问这个情况在提醒小 K 什么问题?

境:沟通和表达。

东叔:对,是沟通并表达需求。我问过小 K 对戒指这件事情的想法,她说婚姻是一辈子的事,她想要一枚戒指,但目前的情况是,男朋友确实没钱给她买戒指。

境:这个需求即使表达了,她的男朋友暂时也满足不了她的需求。如果她去表达了,会不会给男朋友造成很大的压力?

东叔:有没有什么办法既能够让小 K 表达需求,又不给男朋友带来压力?,如果你是心理咨询师,你会建议小 K 怎么做?

境:她是想现在要还是将来要?

东叔:现在就要,因为小 K 不年轻了。

境:我还真没有办法。要不她自己出一部分钱,跟男朋友各分担一部分?

东叔:对,差不多就是这逻辑。

我们看一下当时我给小 K 的建议(见图 9-6)。

> 1. 男朋友考试的事情对应的是主动沟通,对自己付出,对自己的事情要上心。所以应该好好经营诊所,思考怎么提高诊所收入
>
> 2. 爸爸的事情对应的是对自己的付出。建议每周去唱歌两次,周末去短途旅行一次,每天想办法让自己开心一小时,纯粹对自己付出
>
> 3. 戒指的事情对应的是表达需求,建议跟男朋友表达戒指的需求:钱不够就分期付款,大不了一起还,但我就是想要一枚戒指,因为我值得拥有它

图 9-6　2021 年 9 月小 K 第三次咨询后东叔给出的建议

首先,还是反思这句话:关注并表达自己的需求,对自己的付出程度要匹

配对别人的付出程度。男朋友面试的事情对应的是主动沟通和对自己付出，所以我建议她对自己的事情要上心，要好好经营诊所，思考怎么提高诊所的收入。此外，她还应该思考怎样主动和爸爸沟通，改善跟爸爸的关系。小K爸爸的事情对应的也是对自己的付出，这一点小美跟我达成一致了，但小美并没有想明白小K应该怎样做才算是对自己的付出。关于这一点，我当时给小K的建议其实是简单粗暴的，我说："你不是喜欢唱歌和旅行吗？从现在开始，每周去KTV唱两次歌，周末做一次短途旅行。总之，每天想办法让自己开心一小时，纯粹为自己付出。"我记得那段时间她买了台游戏机，然后跟我说天底下竟然还有这么好玩的游戏。你们看，对自己付出的具体方法其实可以是简单粗暴的，重要的是，你要有对自己付出的具体行为。

同时我想告诉大家的是，每个人的情况都是不一样的，同样的任务，在一些人的眼中可能是特别简单的，在另一些人的眼中却可能是非常难的。比如我让小K做的事情，对你们来说可能是无比轻松的作业，但对她而言却是难的。如果我给你们布置作业，让你们每周一三五要去泡澡让自己放松，二四六要出去唱歌让自己开心，周末记得出去爬山，每天要想办法让自己开心，对自己付出，你们当中的大部分人可能都会觉得这作业过于简单。但对小K而言，这些都是她此前的人生中一直没有对自己做过的事情，她越对自己付出，就会越珍惜自己。

戒指的事情我给小K的建议是直接跟男友表达自己对戒指的需求："你暂时没有钱可以选择分期付款，大不了将来我们一起还款，但我就是想要一枚戒指，因为我值得拥有它。"小K后来听取了我的建议。

我前面也说过，小K的故事在你们的身上都是有所映射的，你们目前面临的问题有一部分是和小K遇到的问题相似的。所以，接下来，我想听听你们从小K三次咨询的故事里的感受，以及你们对自己成长的反思。

🎤 互动环节

东叔：广，请分享一下你的感受。

广：我的感受是，要自信，爱自己。

东叔：对，但这句话是我多次对你讲的。小 K 经过我们的帮助和努力，现在有了一个理想的男朋友，而且男朋友在考虑向她求婚。对小 K 来说，这是一个很大的进步。对照一下你自己的情况，你觉得在哪方面努力可以让自己有一个很大的进步，我知道你一直希望自己在感情的发展上更顺利一些。

广：我不知道。

东叔：小 K 不相信自己值得被爱，她的问题是不懂得表达自己的需求，不懂得对自己付出。你的问题是不认可自己，是不是这样？你后面自己再好好想一想。

我们继续。Rain，小 K 的这几个故事能够给你带来什么样的启发？

Rain：多表扬自己，多赞美自己，要觉得自己是值得的。我也想要一个大钻戒，因为我以前没有买，为前夫考虑，没有提出我的需求。

东叔：根据我们之前的分析，你需要提升的点中其实并没有表达自己的需求这一项，你需要提升的点是努力上进和夸奖自己。

Rain：对啊，所以我表达的内容是：我值得拥有一枚大钻戒，这样可以吗？

东叔：可以，但有一点一定要注意，小 K 很不在意自己的精神状态和心情，宁愿让自己伤心也要让别人高兴。

Rain：好像我也有这种状况。

东叔：你很不在意自己的身体状况，但归根结底都是一样的。所以你要专注于对自己的认可。

我们继续来看小 K 的故事。

小 K 不是一个喜欢连续咨询的人，又隔了 4 个月，2022 年 1 月 15 日，她又一次遇到了新的情况，这才再次来找我。小 K 这次遇到的事情有点大，我们一起来帮她。

小K先是给我带来了一个好消息——她结婚了。男朋友求婚的场面非常温馨。求婚的地点就在他们家的后院,十几个人一起欢呼撒糖,放气球,挥彩带,男朋友单膝跪下向她求婚。在她发给我的视频中,我看到她激动地哭了。我看到了她拍的婚礼照片,我很为这件事情高兴——小K实实在在改变了自己,改变了自己的生活。

紧接着,小K向我求助——事实上这一次她是遇到了紧急情况才来找我的。因为有一件特别大的事情发生了(见图9-7)。

紧急求助

疫情防控期间我裁了一个总是请假不来的员工,现在员工在走法律程序,要求赔偿。律师说我可能要赔偿10万美元

关键点1:我害怕支付这10万美元的赔偿金
关键点2:我觉得对方忘恩负义(我对她都挺好的,为什么她要这样对我)

图9-7 2022年1月15日第四次咨询时小K的紧急求助

情况是这样的:疫情防控期间,小K裁了一个总是请假不来的员工。这名员工本来想算了,但她的家人提醒她可以走法律程序,向小K要求赔偿。小K接到这名员工的赔偿要求后找了律师,律师说小K可能要赔偿对方10万美元。当时的小K没有10万美元——小K的诊所可能是洛杉矶最穷的一个诊所,我也不知道她为什么这么穷,总之她根本拿不出10万美元。小K向我咨询的时候有两个情绪点:一是她非常害怕支付这10万美元的赔偿金,因为她真的拿不出来。二是她对这名员工的忘恩负义行为很愤怒。她在同我讲述的时候反复强调的情绪点是忘恩负义,她说:"我对她那么好,她为什么要这样对我?"

我知道让你们分析这个事件对小K成长的提醒或者说提示小K需要提升点有点难,所以我在这里直接把答案说出来。根据我对小K成长历史的了解,我分析小 K 解决这个问题的关键在于她必须化解自己对亲人的怨恨和对财富的恐惧。这个怨恨和恐惧一直都在她的心中，源自她从童年开始就给爸爸打电话要抚养费，却从来没有拿到过一分钱的事实。她其实一直很恨金钱，她一度猜测父亲离开她是因为金钱的关系。另外，从童年到青年，她一直活得很窘迫，不管她有多大的能力赚钱，她一直活在一个经济窘迫的状态里，所以她对财富本身是有怨恨和恐惧的。

所以，我们现在要做的事情是，帮助小 K 化解她对亲人的怨恨和对财富的恐惧。

互动环节

东叔：Andy，为什么小 K 必须先化解自己在财富方面的仇恨和恐惧？你有什么建议？

Andy：本来在国外开诊所应该挺赚钱的，但是小 K 的诊所却是一个非常穷的诊所，穷到连 10 万美元的赔偿金都拿不出来，并且因此让她害怕。这里面的根本原因是小 K 不够爱钱，所以她要想解决自己在金钱方面的问题，必须先化解自己在财富方面的怨恨和恐惧。

东叔：非常好。那么你会建议她怎么做？

Andy：可以增加对金钱的渴望，比如在诊所开设一些更贵的项目。

东叔：那不是让她对金钱有更多的恐慌和压力了吗？

Andy：或者要有对自己更好的需求，比如说她想要钻戒，她想要一枚更好的钻戒，或者要有一根项链去配这一枚钻戒。

东叔：这样做只会增加她对金钱的欲望，她本来就不缺对财富的欲望，她只是对拥有财富恐慌。

Andy：她有对财富的欲望？

东叔：是的，她对财富一直是有欲望的，因为穷。只是她想到钱的时候是窘迫的，是想要而不得的，那种感受就和她童年的时候打电话向爸爸要抚养费时的感受一样。她不像我们大多数人想到钱的时候是放松的。我们应该建议她怎么做、做什么才能够让她想到钱是放松的呢？Andy 刚才建议她增加对更好的钻戒的欲望，这是不行的，这样做只会让她想到更激烈的竞争，她会更焦虑。

Andy：让小 K 去为自己花钱，我花了钱，然后我今天很快乐，这样她就会喜欢钱了。

东叔：我前面说过，小 K 其实不是不爱钱，她只是想到钱的时候有很多怨恨而已，这就是为什么我认为她解决问题的方案是首先要化解自己对财富的怨恨和恐惧。要不我们先把这个问题放一放，跳到下一个问题，即小 K 认为员工向她索赔 10 万美元，这是忘恩负义的问题。

Sam，你觉得小 K 认为她的员工忘恩负义这件事，有没有对应到小 K 自己身上的某个问题？换言之，小 K 在生活中有没有对谁忘恩负义，或者小 K 认为自己对谁忘恩负义过？

Sam：我找不到这一点。事实上那个员工也没有对她忘恩负义。

东叔：是的，那个员工只是争取自己的最大利益而已。

看来这个问题对你们来说有点难。我直接来讲解吧。

事实上，这么多年来，小 K 一直认为自己忘恩负义的对象是她爸爸。这是一种很奇怪也很难理解的情绪，我试着给你们讲清楚。小 K 一直希望爸爸给她足够多的温暖或者对她有一定的认可，哪怕只是夸她一句。同时她又觉得父母离异是他们自己的选择，爸爸一直接受自己与他的沟通，但自己却一直骂爸爸，她认为自己在这一点上是不对的。这两种情绪交织在一起，让小 K 对爸爸的感情变得很复杂，既痛恨又害怕，还有自卑和恐惧。注意，这几种情绪与她对 10 万美元赔偿金的支付感受是一致的。换言之，当她面对需要支付 10 万美元的赔偿金问题时，她的第一个感觉是自己拿不出这么多钱，并且认为这个向自己索赔的员工的做法是忘恩负义的。

现在你们理解了小 K 的心结了吗？支付 10 万元赔偿金的事件体现了小 K 内心深处对财富的怨恨、害怕和恐惧，这种对财富的怨恨、恐惧和害怕都来自她爸爸，所以解开这个心结的第一步是小 K 需要和她爸爸沟通，化解自己对财富的怨恨和恐惧，同时和这名索赔的员工直接沟通，说清楚自己的状况和需求。图 9-8 是我当时给小 K 的建议。

> **化解财富方面的怨恨**
>
> 因为我心中对爸爸有恨，而这样的状态会影响我将来帮助别人，所以我必须跟爸爸和解。基于这个理由，为了自己，也为了将来即将被我帮助的人，我要做以下事情：
>
> 1. 跟爸爸聊，告诉他自己最近面临支付10万美元赔偿金的事情，告诉他东叔给了自己提醒。跟爸爸说这些年其实他已经很努力，对自己也挺好的，要对他表达道歉和感恩，尝试表达爱。最终要借这个机会跟爸爸和解
>
> 2. 跟爸爸聊完后，约那个女员工出来，如果实在约不到，就给她留个很长的信息。内容是自己从小没有爸爸陪伴，所以自己害怕被离开。最近自己有了新的家庭，意识到家的重要性，所以自己欢迎她回来。如果她不想回来，就告诉她自己的需求，并对之前缺少沟通的行为道歉

图 9-8　2022 年 1 月 15 日第四次咨询时东叔给小 K 的建议

我告诉小 K，她首先要反思如何化解自己对财富方面的怨恨。因为这个问题的核心是她爸爸，所以她要先和她爸爸聊聊。这里我想强调一句，我这样建议小 K 并不是我认为她爸爸在处理自己与小 K 的关系时是没有问题的，恰恰相反，我认为她爸爸是非常有问题的。但是，因为向我求助的是小 K，我要帮助的对象是小 K，所以，我只能从小 K 的角度去寻找解决问题的方法。

我建议小 K 跟爸爸聊聊，告诉他自己最近遇到 10 万美元索赔的事情，告诉他自己进行过心理咨询。同时，我提醒小 K：从某种意义上说，那个向她索取 10 万美元的员工反射的是她自己，而被索取的自己其实反射的是她爸爸。这句话有点难懂，但你们需要仔细品。因此，我让她对她爸爸说，她意识到爸爸这些年已经很努力，也在尽力对自己好，让她试着向爸爸道歉并表达感恩，尝试表达爱，最终借这个机会跟爸爸和解。我这样建议她只是希望她能够原谅爸爸，如果她一直怨恨爸爸，她的心结是无法解开的。

广，你这句话一定要听进去，因为你有着相似的问题。如果你一直怨恨妈妈

的话,你的问题也是很难解决的——换言之,你跟你妈妈的心理距离在某种意义上来说决定了你跟女朋友的物理距离,所以你要学会感恩,学会化解怨恨。

我知道这样做特别难,我希望大家能够在这里看到小 K 的勇气。她能够完成这一步真的很不容易,这是她几十年累积的恨,她能够通过和父亲的一次交谈化解,她的勇气、决心、行动力和决断力都值得你们学习。

我给小 K 的第二个建议是,在她和爸爸和解后,主动约那个向她索赔的员工见面交流,实在约不到就给对方留一个很长的信息。我对小 K 说,你同她交流的内容主要是告诉她你从小爸爸没有陪伴你,所以你害怕身边的人离开并且不擅长处理这种离开,你欢迎她回来。如果她表示不想回来,你就告诉她你的感受,表示你对她做的事就像当年你爸爸对你做的事情一样——你爸爸当年宁愿领养一个孩子也不愿意接纳你,而你当时宁愿再雇一个新人也不接纳她回去,所以,现在你想对她说声对不起。我告诉小 K,向对方道歉以后,一定要记得同对方交换彼此的需求,问她到底想要什么。如果对方表示就是想要这 10 万美元的赔偿金,你就告诉她自己的经济状况,问对方能不能将赔偿金降低一些。

这次咨询结束时,小 K 表示她希望以后能够以一个月一次的频率同我聊天。

一个月以后,也就是 2022 年 2 月 26 日,小 K 进行了第五次咨询。这一次,她跟我分享了一些好消息,并且有新的事情向我求助(见图 9-9)。

图 9-9　2022 年 2 月 26 日小 K 第五次咨询时分享的好消息

小 K 分享的第一个好消息是,她的诊所这个月的业绩创历史新高,达到 4 万美元。第二个好消息是本来要付 10 万美元的赔偿金的,后来律师说只要付 4~5 万美元的赔偿金就好了。第三个好消息是她打电话给她爸爸,问他准备送什么结婚礼物给自己。爸爸说会送她一辆车,让她自己决定想买什么样的车,他会将购车款汇给她。第四个好消息是,她妈妈准备在她结婚时送她对戒。第五个好消息是她姥姥说要给她送结婚礼金。我要特别提醒你们注意第三个好消息,就是她爸爸要送辆车给她,并且会直接将购车款汇给她。对小 K 来说,这是一个里程碑式的事件,因为这是她爸爸在她的人生中第一次给她钱,这一点很重要。同时,这个事情的发生也是小 K 主动沟通、直接向爸爸表达需求的结果。

除了这些好消息,这一次,她又有了新的问题需要我帮助她解决。

问题一是,她想找个助理,找得很辛苦,却一直没找到。我问她为什么没找到,她说应聘的人都是在她给了 offer 以后又不来了,既不告诉她原因,也不向她提出需求,完全是在浪费她的时间。问题二是,自己要结婚了,一辈子没给过小 K 钱的爸爸送了一辆汽车给她,妈妈送了一对戒指给她,姥姥送了礼金给她,但是她老公的爸爸妈妈,也就是她的公公婆婆却什么也没送。我问她这件事让她生气的点是什么,她说让她生气的是,她老公根本就没有跟他的爸爸妈妈提出过需求。问题三是,小 K 和老公去其他城市玩,她老公不想去购物,着急回家,小 K 觉得他太懒了。我问她老公不陪她购物这件事,她生气的点是什么。小 K 说,他想要开心的时候,我都会陪他去做能够让他开心的事,但是我想开心的时候,他却从来都不陪我做让我开心的事情。问题四是,小 K 觉得爸爸对朋友特别好,但对家人不够好,他从来不主动打电话给小 K,都是小 K 主动打电话给爸爸。

以上是小 K 第五次咨询时讲述的四个问题,现在我们一起来分析一下,看看能够给她什么样的建议。

互动环节

东叔:境,你来帮小 K 分析一下她爸爸对家人不好却对朋友特别好这件事情。

境：这还是付出的程度要匹配的问题。

东叔：我记得你妈妈也对朋友特别好，对家人不够好。

境：是的。

东叔：有一天偶尔观察到的一个小的特征，让我意识到你可能也有对别人好，但没有把自己家人放在第一位这个问题，所以我在建议你提升的点里加了一个词——付出的顺序，你还记得吗？

境：记得。

东叔：所以在这次咨询中我给小K提的建议之一是，要爱自己的小家多过爱大家。换言之，要对自己的家人多一些付出和关注。你们有没有注意到，她需要提升的点已经发生了变化，从要对自己付出变成了要对自己的家人付出。

境：小K现在已经不是对自己好了，而是要对自己的小家庭好，是吗？

东叔：是的。我之所以让你来回答这个问题，是因为你近期也要转变自己需要提升的点，要对自己的小家好，你的小家是指你和孩子。

东叔：因为小K的小家现在就两个人，她和她的老公，所以她要做的是，在对自己好的同时，要对老公好，你也是一样的，你要对自己的儿子好。不是说你对儿子不好，但你可以做得更好。我们继续分析。我们来看小K找助理找得很辛苦这件事。小美，你近期好像也遇到过类似的问题，对不对？你来分析一下这个问题。

小美：可能小K在某些情况下没有直接表达自己的需求，所以她身边的人都不跟她讲需求。

东叔：对，所以小K还是要和身边人沟通需求，对不对？我们再看后面的问题。小K和老公去其他城市玩，老公不愿意陪小K购物，却急着回家。广，你来分析一下这件事。

广：这件事情对应的是小 K 应该关注并表达自己的需求。

东叔：她需要关注并表达自己需求，同时，她也需要对自己的付出匹配对别人的付出程度。正是因为她没有对自己付出足够多，所以她才会产生"我想要开心，老公却不愿意陪我做让我开心的事"这样的情绪。

我们来看最后一个问题，小 K 结婚，她的公婆没有给她送东西，没有送东西的主要原因是她老公根本没有向父母提出需求，这一点让小 K 感觉不舒服。Andy，请你分析一下这个问题。

Andy：我觉得还是关注并表达自己的需求。

东叔：我认为她老公有很多理由不向他爸妈提需求，比如父母培养自己读书已经花了很多钱了，比如他们在中国台湾也不好赚钱，比如后面办婚礼父母还要花钱，等等。所以小 K 的老公不想向父母提出需求这一点，我能理解。但是，小 K 现在对这个事情有情绪，觉得不舒服，我们还是要给她提出建议，帮助她化解情绪。我们能够给小 K 什么样的建议呢？

Andy：我认为她如果觉得心里不舒服就应该直接跟老公说。

东叔：非常好，直接沟通需求。

图 9-10 是小 K 第五次咨询时提出的问题及关键点分析。

图 9-10　2022 年 2 月 26 日小 K 第五次咨询时提出的问题及关键点分析

在这次沟通结束时,我给小 K 布置了一些作业,主要是希望她转变自己的关注点,要一心一意地经营自己的小家,同时做好存钱规划,珍惜财富,努力把财富留在身边。具体如图 9-11 所示。

> 1. 父母都只爱大家不爱小家,所以自己一定要一心一意地经营自己的小家,把小家放在最重要的地位
>
> 2. 接下来除了爱自己,还要爱老公,要夸老公,要有一个"成为好老婆"的计划,并且尝试去落实,同时要问老公有什么需求。优先跟老公多交换彼此的需求
>
> 3. 关注并表达自己小家庭的需求,对自己家庭付出的程度要匹配对别人付出的程度
>
> 4. 做一个存钱计划,珍惜财富,把财富留在身边

图 9-11　2022 年 2 月 26 日小 K 第五次咨询时东叔的建议

又一个月以后,也就是 2022 年 3 月 30 日,小 K 给我带来了一些好消息(见图 9-12)。

> 好消息
>
> 1. 诊所2月份的收入比1月份的还要高
> 2. 找到了一名特别得力的助理
> 3. 10万美元的赔偿金已降至5万美元,并由保险公司承担
> 4. 我已经有能力自己买房子了,首付款已经存够了
> 5. 爸爸已经将买车的钱打到我的账户上了
> 6. 我觉得生活处于前所未有的甜蜜中

图 9-12　2022 年 3 月 30 日小 K 带来的好消息

消息一:1 月份小 K 诊所的收入是 4 万美元,当时达到了历史最高水平,结果 2 月份的收入比 1 月份的收入还高。

消息二:小 K 的诊所找到了一名得力的助理。

消息三:10 万美元的赔偿金降低到 5 万美元,这 5 万美元的赔偿金将全部

由保险公司支付,小 K 自己不需要承担一分钱。

消息四:小 K 已经存够了房子的首付,准备买房子了。

消息五:小 K 的爸爸给她买车的钱已经打到的她的账户上了,整整 5 万美元。

消息六:小 K 觉得目前的生活处于前所未有的甜蜜中。

这就是小 K 的故事。当然,她的故事还在继续,在我给你们讲课的时候,她已经选了一幢自己特别满意的房子。目前,她依然保持着过一段时间就和我沟通一次的习惯。

下面请大家看图 9-13,我们一起来反思并回答这两个问题:一是小 K 的创伤来自哪里? 二是这些创伤给她的亲密关系和财富获得带来了哪些局限?

> 问题一:小K的创伤来自哪里?
>
> 问题二:这些创伤给她的亲密关系和财富获得带来了哪些局限?

图 9-13　小 K 的故事带给我们的反思

互动环节

东叔:广,请问小 K 的创伤来自哪里?

广:从小父母离婚,妈妈多次逼她打电话找爸爸要抚养费,可爸爸一分钱都不给她。

东叔:非常好。Sam,这些创伤给小 K 的亲密关系和财富获得带来了哪些局限?

Sam:这些创伤导致她后来在跟自己的男朋友(老公)在相处的

过程中出现了一些问题,她在财富的获得上也一度受阻,特别是在诊所的经营和人员管理上。

东叔:非常好。我还是要强调一下,在我们分析小 K 的亲密关系时,虽然我们一直强调小 K 的问题,但这并不代表其他人没有过错。我们只是从小 K 的角度出发,帮助她解开心结、提升自我、变成更好的自己,所以,我们在分析的过程中只从小 K 这方面找问题。

我相信小 K 的一些行为在你们心中是配得上勇敢这两个字的。小 K 用极大的勇气解开了心结,放下了心中对爸爸的多年怨恨,战胜了自身对财富的恐惧,最终获得了幸福。

小美:我确实从小 K 的故事里得到一些鼓舞,因为我自己在财富方面也有一些跟她差不多的问题,我对财富有一种匮乏感和恐惧感,这种感觉也是来自家庭,特别是我的父亲。

东叔:那就像小 K 一样,放下心结,和你爸爸沟通,发自内心地原谅你爸爸。

广:小 K 真的非常不容易,由衷地祝福她,为她开心。

东叔:我们都知道小 K 不容易,但我们也都看到了她的成长。其实你们也可以做到像小 K 那样改变自己的。广,你要想办法拉近自己跟妈妈的关系,学会爱自己、夸自己、对自己付出。

今天的课程尽管只有短短的一个半小时,但我却花了十几个小时备课。我精选出小 K 的故事中一些对大家有启发的地方,并且跟小 K 反复沟通,确认每一条她都认可。我把小 K 长达两年九个月的咨询内容精选出来,最终变成三个月的变化——她真正变化发生在最后三个月,但她之前累积了很久。我们从小 K 的身上看到了成长,学会了如何走出亲密关系的创伤。我也希望在未来的日子里,能够看到你们的成长。

10 突破成长卡点：建立幸福方程式，对未来的幸福进行自我评估

> 怎样才能获得真正的幸福？幸福的三个核心要素是善良、信念和能力。通过幸福方程式，我们可以利用善良、信念和能力这三个核心要素对自己未来的幸福做自我评估，从而了解基于现状的未来的生活趋势，明白努力改变和不努力改变这两种情况对我们未来生活的影响。
>
> 我们自身存在的很多问题都是不难找到原因的，当我们下定决心要改变的时候，方法也是不难的。重要的是，我们需要意识到这些，并且愿意改变自己，不断提升自己。只有成为更好的自己，我们才能获得更多的幸福。

今天我们讲的是怎样才能获得真正的幸福？这也是我们的最后一节课。我觉得今天的内容将是一个特别好的收尾，可以帮助我们更好地理解亲密关系的核心。我们在第四节课中讲过同学聚会的故事，我们通过同学聚会反馈的信息分析了6个人在大学期间的性格特征和大学毕业5年后的发展情况。我们看到有的人顺利，有的人不顺。我们知道有的人发财了，有的人感情顺利，有的人事业有成。通过这些人的成长故事，我们总结出幸福是有三个核心要素的。

我们来复习一下幸福的三个核心要素：善良、信念和能力。

今天我们一点点地把这三个核心要素展开，经过前面九节课的学习，我们

回过头去展开研究和讨论这三个核心要素,你们会有不一样的收获。

我们要讲的第一个内容是:如何利用善良、信念和能力这三个幸福的核心要素来进行自我评估?为了帮助大家理解,我把这三个要素分数化了。

一、善良

我们先来看一下善良。

一直以来我们对善良有各种各样的认知,比如我们在前面的课程中说过的,助人算善良吗?我扶老太太过马路算不算善良?我捐钱给有困难的人算不算善良?为什么有时候我的善良得到了好报,有时候却没有得到好报?

为了方便理解,我给善良这个要素设置的分值是50分。只有经常行善,并且用对方法的人才能够获得满分。对于有行善意愿的人,他的善良分值得取决于他是否付诸行动,以及行动的多少。善良的首要原则是不会为了利益而伤害人,请大家注意我的用词:不会为了利益而伤害人。只有这几个字,没有更多的限制和修饰,这里面的原因,我慢慢分析给你们听。

很多时候大家听到这句话的第一反应是,我当然不会为了利益而伤害人。事实真的是这样吗?下面是我经常举的一个例子。

假如我在路边看到一个人受伤了,我去救他,却在开车送他去医院的路上撞了四五个人。你们认为我的行为是在行善还是做了一件坏事呢?

现实生活中我们经常会为了帮助朋友、恋人而伤到自己的父母、子女,包括自己的心,所有这些行为都不能算是做善事——你可以这么做,但不算行善事,因为你在做这件事情的过程中伤害了人。

图10-1是我归纳的善良的分值判定标准,当然这个标准是大致的,我主要是想通过这样的分值设定让你们明白什么样的行为算是真正的善良,或者说怎样做才算是真正意义上的行善。

```
1. 经常行善而且用对方法           50分
2. 行善但主要停留在想法上         40分
3. 不会为了利益而伤害人(包括自己)  30分
4. 会为了利益而伤害人(包括自己)    20分
5. 不需要获得什么利益,也会去伤害人  10分
```

图 10－1　善良的评分标准

二、信念

现在我们再来看信念。

我给信念设置的分值是 30 分。获得 30 分意味着决心很大,不管经历多大的磨难都不会动摇。接下来我按照决心的强大程度设置了决心很强、决心相对较强、决心一般、决心很差和有很多负面信念五个层级,并给出了相应的分值。具体如图 10－2 所示。

```
1. 决心很强,24~30分(30分是指不管经历多大的磨难都不会动摇)

2. 决心相对较强,18~24分(24分是指有很强烈的希望和信心,但遇到现实和阻力就会怀疑自己)

3. 决心一般,12~18分(这个区间的人有决心,对自己的身份达成有期望,对自己的成功有期望,但也经常对自己说,那样的生活不属于自己,自己是在做白日梦。属于有期望但没信心)

4. 决心很差,6~12分(这个区间的人,对自己没有什么明确的认知,只是觉得自己目前是什么身份,那么就按照这个身份继续过下去)

5. 有很多负面信念,0~6分(这个区间的人, 很坚定地认为自己无法翻身,觉得自己会一直处于底层,坚信自己无法改变)
```

图 10－2　信念的分值设置

三、能力

现在我们来看一下能力。我将能力的满分值设为20分,按照努力的程度设为四档,具体如图10－3所示。其中非常强的能力我把它分成了两种情况。一种情况是这种非常强的能力是通过自己的努力得到的,这是最棒的,得15～20分。另一种情况是这种非常强的能力并不是通过自己的努力得到的,而是因为有非常好的资源,通过外力的帮助得到的,这是比较好的,但不是最棒的,得10～15分。同样,没有特别强的能力也分为几种情况,一种是正常水平的能力(得10分),另一种是低于正常水平的能力(得5分)。最后是完全不努力的情况,得分为0～5分。

> 1. 通过努力得到的能力,15～20分(20分是指既努力,实力又非常强)
> 2. 非努力得到的能力,10～15分(15分是指先天实力非常强)
> 3. 没有能力,5～10分(5分是指大部分能力都低于正常水平,什么事情都做不成,10分是正常的水平,代表绝大多数人的能力等)
> 4. 不努力,0～5分(5分是指还算努力,但只是努力地搬砖头或者努力地打游戏,总之尽管很努力,但没提高实力。0分是指完全不努力,比如每天睡大觉)

图10－3 能力的分值设置

分析了幸福的三个核心要素善良、信念、能力之后,我们的幸福方程式也就出来了。

幸福的总分约等于善良加信念加能力。其中善良占50%,信念占30%,能力占20%。一个人经常行善且用对方法人,其善良分值满分,即50分;一个人信念强大绝不动摇,其信念分值满分,即30分。一个人的能力是行业顶尖水平且资源丰富,能力分值是满分,即20分。累计下来以后,你们会发现,一个人幸福的总分和他所对应的幸福状态及生活状态是不一样的。具体如图10－4所示。

```
                    善良
        50分   经常行善而且用对方法
        40分   行善但主要停留在想法上
        30分   不会为了利益而伤害人(包括自己)
        20分   会为了利益而伤害人(包括自己)
        10分   不需要获得什么利益,也会去伤害人(包括自己)

        信念                          能力
  30分  信念强大绝不动摇        20分  具备行业顶尖的能力且资源丰富
  24分  信念较强,偶有自我怀疑    15分  具备行业顶尖的能力
  18分  有期望但没信心          10分  能力在行业属于平均水准
  12分  信念较差,得过且过        5分  能力低于平均水准
  6分   有强大的负面信念

        幸福方程式:幸福=善良+信念+能力
```

图 10—4　幸福方程式

这个分数对我们而言有什么意义？一般来说,总分 90 分以上就是幸福人生。事实上,很少有人能够达到 90 分以上。

对于大部分人来说,能够达到 80 分就已经很好了。80 分代表什么？就是约等于 90 分以上的情况,但有一两项内容不满足,可能是健康,可能是子女成长之类的。根据我的观察,绝大多数努力的人的得分是 50～70 分,换言之,社会上大多数人的得分是 50～70 分。更仔细地观察,你们会发现,得分 50～70 分的人,他们的晚年生活也算幸福平安,但物质上没有得到充分满足,家人也有不如意的地方,但总体来说没什么大的问题。而得分为 50 分以下的人,他们算是人生考试不及格,基本上处于不健康、不开心、不舒服、不自由和没有物质基础的状态。当然,这个分值是我为了方便你们理解而设置的,并没有严格的量化单位,你们也不需要背下来。后面我会带着你们分析一些案例,分析完了以后,你们就会明白这个分值存在的意义和价值。图 10-5 是我对分值内容的归纳。

> **总分**
>
> 1. 优
>   幸福人生，90～100分（老年的时候健康，爱情和亲情都非常美满，人生目标完美达成，物质和精神生活都能随意满足，受到各方面的尊重，对自己和周围都很满意，没有不顺心的事情）
> 2. 良
>   接近幸福人生，70～90分（跟上面的幸福人生一样，不过有一项到两项内容还有些不能得到充分满足，比如说健康，或者子女成长）
> 3. 中
>   普通人生，50～70分（社会上大多数的人生，晚年也算幸福平安，只是物质上还不能得到充分满足，精神生活不够丰富，家人有不如意的地方，但没有什么大问题）
> 4. 差
>   失败的人生，50分以下（人生考试不合格，基本上处于不健康、不开心、不舒服、不自由、没感情、物质匮乏、短缺的状态）

图10-5　不同总分对应的情况

现在，我们通过一系列分析得出了图10-5的内容，这意味着什么？这意味着如果你真的能够做到既善良又有信念又有能力的话，你的幸福指数是可以预判的。

接下来我们开始一个特别有意思的内容——我们要利用前面的幸福方程式预判几个人的生活。

很早以前我看过一部纪录片，名字叫《人生七年》。这是迈克尔·艾普特在1964年拍摄的一部纪录片，这部纪录片采访了来自英国不同阶层的14个7岁的小孩子，这些小孩有贵族的，有平民的，有领养的，有一般家庭的。此后每隔7年，艾普特都会重新采访当年的这些孩子，倾听他们的梦想，让他们畅谈目前的生活状态。今天的课上，我们将用10分钟的时间审视这部纪录片中的两个人在他们28岁时的状态，然后我们一起用前面的幸福方程式给他们打分，了解他们的感情分是多少，事业分是多少，从而得出他们幸福的感情分数和事业分数，并由此对他们未来的生活做出预判。然后我们直接把时间线拉到他们56岁时的状态，看看他们的人生发展走向是否符合我们的预测。

我们先来看第一个人的故事。这个人叫Tony。

Tony 的故事

Tony 出生于平民家庭,从小除了上学外,课余时间他一直在马场工作。小时候他有一个梦想:成为一名骑师。7 岁的时候导演采访他,问他如果将来没有成为骑师怎么办?他说那他会成为一名出租车司机。

21 岁之前 Tony 确实在努力追求当骑师的梦想。他参加了几次比赛,但没有进入前三名,所以最终他放弃了这个目标。他如 7 岁时自己计划的那样,开着摩托车去熟悉伦敦街道,考驾照——开始为自己成为一名出租车司机做准备。

28 岁的 Tony 顺利地成为一名出租车司机,他在伦敦开出租车。当导演问他对工作的感受时,他十分自然地说,这份工作非常符合自己的预期,自由自在。他很高兴地讲了自己工作中的趣事,影片中的他看起来对自己的工作很满意。

28 岁的 Tony 在情场上也有了进展。几年前他在酒吧遇到了一个女孩,后来这个女孩成为他的妻子,彼时两人已经育有两个男孩一个女孩。当导演问他妻子喜欢 Tony 哪里时,他妻子说,我们是一见钟情。当导演问 Tony 喜欢妻子什么时,Tony 笑着说我都不知道她是怎么忍耐我的。之后关于情感部分的采访,Tony 基本上都是在聊孩子。

这就是 28 岁的 Tony。现在,我们根据幸福方程式的分值设定,讨论一下 Tony 的幸福分值,这个分值分为感情方面和事业方面两个部分。

互动环节

东叔:Andy,你给 Tony 的善良(包括感情方面和事业方面)打多少分?

Andy:我好像没有看到他有什么不善良的地方,我给他 30 分。

东叔：好的，30分，即他不会为了利益而伤害人，包括自己。请问这是事业上的分数还是感情上的分数？或者两者都有？

Andy：我觉得都有吧。

东叔：我们先写下来，30分。我们继续。我们来了解一下Tony的事业：他先是想要骑马，然后想要开出租车，28岁时他成了一名出租车司机。Sam，按照你对Tony职场上的观察，从善良这个角度看，你给他的事业打多少分？

Sam：从善良的角度看？

东叔：对，就是看他是一个行善停留在想法上的人，还是一个不会为自己的利益而伤害人的人，抑或是一个经常行善并且用对方法的人。

Sam：我觉得他可以得40分。

东叔：好的，40分。我也认为Tony想要助人。他在影片中说希望能够更快地把乘客送到目的地，如果没有办法达到乘客的速度要求，他也会直接跟乘客沟通。现在，我们再从善良这个角度看一下他的感情。21岁的时候他还不认识他的妻子，28岁的时候他认识了他的妻子。在采访中他说他不知道他的妻子是怎么忍受他的。他们有三个孩子。在后面的采访中，他更多的是在聊孩子。境，从善良的角度看，你给Tony的感情打多少分？

境：40分吧。

东叔：但刚才的影片中他自始至终没有提到他要为妻子付出什么，讲的更多的是孩子。

境：那就30分。

东叔：应该是30分左右。我们继续。现在我们来看Tony的信念分。小美，你觉得Tony的职业信念强不强？就是当出租车司机这个想法是坚定到绝不动摇，还是虽然确定但偶尔也有自我怀疑，或者是对此没有信心，得过且过。在当出租车司机这个信念上，你给

Tony 打多少分？

小美：30 分。

东叔：好的，30 分。那么在感情方面的信念，你给他打多少分？

小美：什么是感情方面的信念？

东叔：就是这段婚姻（不包括孩子）在他心中是强大到绝不动摇的，还是偶尔有自我怀疑，或者是没有信心，得过且过？

小美：偶尔有自我怀疑。

东叔：那就是 24 分左右。现在我们来看能力。广，Tony 在职场上的能力怎么样？

广：一般。

东叔：一般的话，平均水准是 10 分，我们写 10 分好不好？我们继续。Rain，Tony 在感情方面的能力你给他打几分？

Rain：感情方面的能力？

东叔：我不知道女生是怎么评价感情方面能力的，通常是指魅力、沟通能力、财富能力，等等。

Rain：10 分。

东叔：10 分，就是情感方面的能力是一般。好，根据刚才的分析，我们得出一个总分。我们先加一下感情分：30 分 + 24 分 + 10 分 = 64 分。我们再来加一下事业分：40 分 + 30 分 + 10 = 80 分。Tony 的感情分是 64 分，事业总分是 80 分（见图 10-6）。

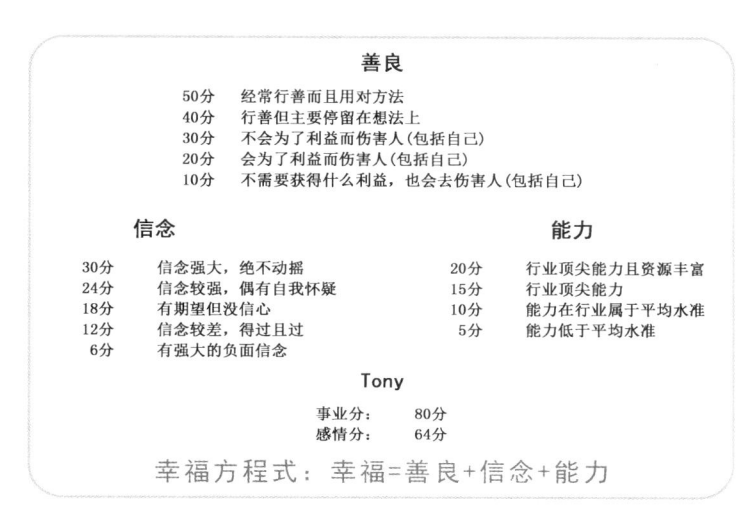

```
善良
50分  经常行善而且用对方法
40分  行善但主要停留在想法上
30分  不会为了利益而伤害人（包括自己）
20分  会为了利益而伤害人（包括自己）
10分  不需要获得什么利益，也会去伤害人（包括自己）

信念                          能力
30分  信念强大，绝不动摇     20分  行业顶尖能力且资源丰富
24分  信念较强，偶有自我怀疑  15分  行业顶尖能力
18分  有期望但没信心         10分  能力在行业属于平均水准
12分  信念较差，得过且过     5分   能力低于平均水准
6分   有强大的负面信念

                Tony
            事业分：  80分
            感情分：  64分

幸福方程式：幸福＝善良＋信念＋能力
```

图 10－6　Tony 根据幸福方程式得出的事业分和情感分

这代表什么？Tony 在感情方面获得 64 分，这代表他在感情方面顺利平稳，但不够丰富。换言之，Tony 的感情生活平稳，但没有特别强烈的幸福感——这是我们基于 28 岁的 Tony 根据幸福方程式获得的分数对他晚年的感情生活状况的预判。

Tony 在事业上获得 80 分，这是一个接近幸福的分数，物质上比较满足，受到尊重，对自己和周围的人很满意，这中间会有一两件不顺心的事情，可能是健康问题，可能是子女的成长问题，等等。

总之，晚年的 Tony 在事业上应该比一般人好一点点，在感情上应该比一般人差一点点，但还能过，这是我们基于他的得分得出的结论。

纪录片的好处是我们可以飞快地突破时间线——这个片子是每七年拍一集，记录那些人的成长经历——现在我们来看一下 56 岁的 Tony 的感情和事业状态。

56 岁的 Tony 依然在开出租车，他的事业并没有变化。因为他上了电视，有一次一名乘客认出了他，并且找他要签名，这让他很得意。

他赚了一些钱，在西班牙买了一套度假别墅，同时他在英国也有房子。

他一个月工作三周,剩下一周和家人去西班牙度假。

以上可以看作 Tony 在事业方面发展的情况,他在事业上的状况的确比一般人好一点,符合幸福方程式描述的 80 分的状态。

接下来是感情方面。Tony 的女儿跟别人结婚但又分手了,现在带着孩子回来跟他和妻子一起住,空闲的时候 Tony 要带外孙女。

四十几岁的时候,Tony 婚内出轨并且被妻子抓到了,在影片中他就此事向妻子道歉。这次出轨没有让他失去婚姻,他和妻子继续生活在一起,感情不好也不坏。

从纪录片中我们可以看到 Tony 的人生发展是符合我们刚才打出的分值的:他在感情方面比一般人差一点,平平淡淡,但还能维系;他在事业方面比一般人好一点。

现在我们用同样的方法给《人生七年》中的另一个人打分,这个人叫 Peter。

Peter 的故事

Peter 出生于中产家庭,7 岁的时候导演问他未来想做什么工作,他说想当宇航员。

21 岁的 Peter 在念大学,住在学生寝室里。空闲的时候他喜欢弹吉他和看球。当导演问他未来的情感规划时,他说想自由自在地过日子,他认为结婚会束缚自己,他不想被束缚。他说自己还没出过国,他想多体验人生。

28 岁的 Peter 在工作时认识了女同事 Rachel。两人很快结婚了。婚后他们买了套房子。Peter 教书,Rachel 从事教育体系内的工作。当导演问 Peter 关于感情的看法时,Peter 说:"我不知道,走一步看一步吧。我不想要孩子,因为有了孩子以后,孩子会束缚你,我不想被束缚。"而当导演问 Rachel"喜欢 Peter 什么"的时候,Rachel 笑着说:"谁说我爱他了。"Rachel 在影片中花了很大的篇幅讨论社会不公、男女不平等问题,并说如果生孩子女性大概率要放弃工作带孩子。

28岁的Peter在讨论他工作的时候满脸沮丧。他说教师这个职业被低估了价值，薪水少得可怜。他说自己读大学时其实不怎么去上课，只是交了几篇论文，然后就得到了毕业文凭。他觉得教育没有价值，毫无意义。他认为不管是公立学校还是私立学校，都没办法真正教好一个人。导演问他在沮丧的生活中有没有开心的回忆，Peter回答说，欧洲杯进球时自己还挺开心的。另外自己曾经在酒吧驻唱过一段时间，观众为他喝彩时他也会觉得很开心。

这就是28岁时的Peter的故事，现在我们用幸福方程式来为Peter打分。

🎙 互动环节

东叔：境，请问Peter在事业方面，从善良的角度看，你给他打多少分？

境：10分。

东叔：你看懂了，很好。他没有伤害别人，但他一直在伤害自己。感情方面从善良的角度看，你给他打多少分？

境：10~20分。

东叔：10~20分的分值含义是"为了利益而伤害人"，你指的是生孩子这件事情吗？

境：我没有想得特别清楚，但我觉得肯定会伤害人，至少他在伤害自己。

东叔：非常好，这一项的得分是10分或者20分。我们继续。Sam，他的信念怎么样？他的事业的信念你给他打多少？

Sam：18分，我觉得他是属于"有期望但没信心"这个层次。

东叔：好的，18分。事业上他有期望但没信心，其实他这种状态已经属于得过且过了。

Sam：属于得过且过，他没有实现他小时候的梦想，是吧？

东叔：Peter 没有实现小时候的梦想。现在从事教师这个职业，他甚至连"有期望但没信心"这个状态都达不到。我期望升职，但我没有信心升职，这种可以叫有期望但没有信心。Peter 不是这种状态。Peter 的状态就是得过且过，所以他的分值可能会低一点，应该在 12 分左右。我们继续。Andy，你给 Peter 的信念（感情方面）打多少分？

Andy：12 分。

东叔：12 分，对，这方面他也是得过且过，不想生娃，不想改善感情，什么也没做，什么期望都没表现出来。我们继续打分。Rain，从能力的角度看，Peter 的事业方面你给他打多少分？

Rain：10 分。

东叔：平均分。

Rain：对。

东叔：普通人，好的。广，在感情的能力方面，你给 Peter 打多少分？

广：10 分。

东叔：也是 10 分，好。

现在我们来加一下 Peter 的分值。他的情感分是：20 分 + 12 分 + 10 分 = 42 分，事业分是：10 分 + 10 分 + 12 分 = 32 分。Peter 的两个分数都不及格。

不及格代表什么？50 分以下表示人生考试不及格，代表失败的人生，处于不健康、不开心、不舒服、不自由、感情匮乏和物质短缺等状态。

现实会是这样吗？我们来看一下 56 岁的 Peter 的生活状态。

28 岁出现在《人生七年》之后，英国的很多报纸都在骂他，他陷入巨大的痛苦和矛盾中，没有继续在《人生七年》纪录片中露面。直到 56 岁，他觉得已经把自己的状态调整好了，这才重新出现在纪录片中。

我们之前基于幸福方程式的分值对 Peter 未来生活状态的预测在他 29 岁到 32 岁之间就发生了。这期间他的妻子跟他离了婚，他也失去了教师的工作。两三年间，他失去了感情，也失去了事业，可见我们刚才给他打的那两个不及格的分数是多么准确。

我们现在来看 56 岁重返《人生七年》的 Peter，这一次，他的生活发生了翻天覆地的变化。

他找到了一个心爱的女孩，这个女孩和他的前妻完全不一样，她会和他一起玩乐器。记得他在 28 岁接受采访时说过，他喜欢乐器，他曾经在酒吧驻唱并且获得观众的喝彩，那是他沮丧生活中的快乐记忆。

在感情上理顺了以后，他开始追求自己的梦想——音乐是他从小的梦想。找到自己擅长和喜欢的方向，并努力去追求，这一点很重要。

你们还记得 28 岁时的 Peter 和他当时的妻子在采访中都表示根本不想要孩子这个场景吧？但是，在 Peter 56 岁的采访中，他和后来的妻子有了一儿一女，儿子当时在上大一，女儿中学快毕业了。

在这种好的亲密关系的支持下，他追求自己梦想的时候如鱼得水。他在音乐界得到了很高的认可。

他获得了英国年度美利坚大奖第一名，还成立了一个乐团，叫"善意乐团"。你们有空可以听听他的音乐，真的很不错，我个人是很推荐的。

我们重新看 Peter 的故事的时候，你们有没有某种似曾相识的感觉？他对教师职业的放弃，转而追求自己擅长的音乐领域，这一点和我之前同你们讲的我自己的经历是不是有点相似？我在银行工作的时候非常不开心，也很难突破瓶颈，直到我发现那份工作不是我的兴趣和天赋所在，我放弃了银行的工作，转而做我喜欢的工作——教书。然后，如同你们看见的那样，我在某种程度上获得了成功，最重要的是，我的内心世界非常满足。

在 28 岁之后的几年，Peter 失去了婚姻和教师职业，其人生发展走向和我们根据他 28 岁时的状态打出的分值非常吻合。我们不知道在后来的那些年里 Peter 经历了什么，但我们可以确定，他肯定痛苦过很长时间。

帮助他走出这个过程的,是他对亲密关系的重建和对梦想及天赋所在的追求。一段好的、健康的亲密关系可以给你带来很多东西,包括精神满足、物质丰富、尊严、梦想和财富。Peter 的幸运之处在于他在人生失意后遇到了后来的妻子,重建了良性的亲密关系,并在这个过程中找到了自己喜欢的事业,在追求梦想的道路上获得了事业和家庭的幸福。

我虽然不曾像 Peter 那样落魄过,但我也曾经在异国求学时因为失恋差点被学校开除,也曾在银行工作的过程中感受过各种不适。后来我遇见了我的太太小豆,我们志同道合,她能够在很多方面弥补我的不足。我们有一个幸福的家庭,养育了一个可爱的儿子。这份好的亲密关系一直滋养着我,让我在追求包括财富和助人在内的幸福生活的道路上走得平稳又舒适。

我们刚刚给《人生七年》中的两个人物 Tony 和 Peter 按照幸福方程式打了分值,并且用他们之后的生活状况对这个分值所揭示的内容进行了检测。现在,我们还要用这个幸福方程式给一个人的现状进行打分,我们要用这个分值来提醒这个人在成长的道路上需要注意些什么,从而帮助他获得更好的生活。

这个人就是你们自己。

请你们反思一下自己的事业、自己的情感。你们会发现,我们观察 Peter 和观察 Tony 的时间很短,只有 10 分钟,但我们精准地预测了几年、几十年以后他们的生活。你们也不需要花太多时间观察自己的事业和感情,只需要按照我们之前的分值设置尽可能客观地给自己一个分值。

今天我和小豆也各自做了一个测试。小豆给自己的感情分测出来是 80 多分,她觉得很准,给自己的事业测出来的也是 80 多分,她也觉得很准。我的事业分值是高于小豆的,但我的感情总分却比小豆略低。

现在我们来看一下自己的总分,这是你们对自己未来状态的预判——如果不改变自己目前的状态,几十年后你们的生活就是分值所代表的样子。如果你们从这个分值中发现了自己的某些问题并进行改变,那么你们未来的生活状态也会发生变化,就像《人生七年》中的 Peter 那样。

🎤 互动环节

东叔：Andy，关于自己的分数，你怎么想？

Andy：要努力。

东叔：你是哪方面分数不满意？

Andy：事业。

东叔：你事业现在是多少分？

Andy：68分。

东叔：68分是普通人的生活。没有什么大问题，会过得有点像Tony，但这应该不符合你的心愿。你的分数差在哪里呢？是善良、信念和能力当中的哪一个？

Andy：信念。

东叔：所以你需要改变自己的信念。Sam，关于你自己的分值，你怎么想？

Sam：我会失败。

东叔：准确地说，是如果不努力你会失败。

Sam：对，如果不努力。

东叔：那么，事业失败在哪里？感情又失败在哪里？

Sam：事业失败在没有期望。

东叔：是信念不足吗？

Sam：对，信念不足。

东叔：所以你要有一个积极向上、不断努力的状态，要信念强大，绝不动摇，不能自我怀疑，没信心。你现在是处于得过且过的状态。小美，你今天的分数打下来怎么样？

小美：我的感情分我自认为还是可以的，79～80分的样子。

东叔：我也觉得你在情感上很幸福，为你感到高兴。你的事业分是多少？

小美：我给自己的事业打了不及格，50分不到。

东叔：所以我一直在劝你跳槽。你的事业分数差在哪里？善良、信念还是能力？

小美：善良。这方面我只给自己打了20分，因为我觉得我是在勉强自己做这份工作，这是在伤害我自己。

东叔：所以我建议你去做一个讲师或者咨询师之类的工作，做实实在在地帮助别人的工作，那样你会更开心。广，请分享你的得分情况。

广：好惨的。

东叔：我们静下心来分析一下，你惨在哪里？是善良分数不够，信念分数不够，还是能力分数不够？

广：我感觉都不够。

东叔：平心而论，你的能力至少在平均水准，不管是恋爱方面还是工作方面。

广：现在这份工作不是我喜欢的，只是比较安稳。

东叔：我知道你现在的工作是你不喜欢的，但前面的学习中我们也了解到必须先调整感情，达成亲密关系以后再追求工作成功率更高，所以，感情上你的分值差在哪里？

广：没信心。

东叔：那是信念不足。你的问题在于你总是在贬低你自己，所以我一直提醒你要夸奖自己。Rain，你打分的情况怎么样？

Rain：我觉得我的分数都不高，主要是差在信念方面，是对健康的信念不足。

东叔：你的健康倒不是差在信念上，而是差在善良上。你总是认为自己身体不好，这就相当于每天都在诅咒自己的健康状况。

Rain：好吧。

东叔：你和广有一个共同的问题，就是喜欢在某一方面贬低自己,伤害自己,这是一个很不好的习惯,所以要想办法改变自己。接下来是境,你现在对哪个分数不满意?

境:感情分低得一塌糊涂。

东叔:感情的分值差在哪里?

境:会为了利益而伤害其他人,也包括伤害我自己。

东叔:那么先下决心不要伤害人,然后再尝试去帮助别人,比如帮助你儿子。

境:好,这个看上去不难做到。

大家都看到了,我们自身存在的很多问题都是不难找到原因的。当我们下定决心要改变的时候,方法也是不难的,重要的是我们需要意识到这些,并且愿意改变自己,不断提升自己。

我们的课程持续了 20 天。这 20 天里,我们一共讲了 10 节课,或者说我们讲了 10 个专题。我们一起来回顾一下我们的课程内容。

第一节课是交友与投资的游戏,我们讨论了财富和魅力其实不是影响你们成长的关键因素。

第二节课我用绘图分析和笔迹分析帮你们找到了影响自己成长的关键因素,或者说找到了你们各自需要提升的点。

第三节课我用吸引力法则帮助你们设定了努力的目标,要求你们围绕影响自己成长的关键因素进行突破和提升。

第四节课我通过同学聚会的故事让你们分析并反思自己的不足,进一步明确影响自己成长的关键因素。

第五节课我告诉你们怎样通过"动力自行诀"看到冲突背后的问题,找到自己需要改变的点。

第六节课我通过"人生学校论"和"信念共享圈"的概念,让你们明白了改变心态的重要性。

第七节课我让你们学会了"芹菜测试",并落实到生活的细节中,让它成为帮助你们改变自己的重要方法。

第八节课我让你们学习了怎样从亲密关系的角度入手改变自己,实现突破。

第九节课我让你们通过小K的故事,明白应该怎样走出亲密关系的创伤,进而学会突破卡点的方法。

第十节课我让你们学习幸福方程式,掌握了基于现状实现对未来生活趋势判断的方法,进而明白自己努力改变和不努力改变对未来生活的影响。

图10-7是我对这10节课内容的一个归纳。

1. 交友与投资的游戏 财富和魅力不是亲密关系的关键因素
2. 绘图和笔迹分析 找到需要突破的点
3. 吸引力法则 短期和长期亲密关系的建立
4. 同学聚会的故事 亲密关系三个核心要素
5. 读懂潜台词 "动力自行诀"
6. 建立"信念共享圈" 找到解决问题的密码
7. "芹菜测试" 示强与示弱
8. 情感倦怠的原因与突破
9. 如何走出亲密关系的创伤
10. 建立"幸福方程式" 预判成长趋势

图10—7　10节课程的内容归纳

我们讲了这么多,其实核心内容只有一个:亲密关系的提升。亲密关系提升的核心是自我信念的提升——改变自我,改变心态,我们可以看见更好的世界。

在课程的最后,我想请大家分享一下这些天学习的心态变化和感想。

🎤 互动环节

东叔:我们从Andy开始。

Andy:我的感触还是蛮大的。有些时候你看别人的人生好像看得挺清楚的,但是回顾自己的生活,就会发现有很多东西可能混淆。当我们可以通过幸福方程式把自己的分值量化出来,就能正视自己,更容易找到自己的缺点和短板,从而让自己在接下来的生活中有更多的抓手去解决问题。

东叔：谢谢分享。Sam，请分享你的感受。

Sam：通过这 10 节课，我明白了一个道理：你要先了解自己，然后再去处理自己身边的问题。这些课程教会我从一个个不同的方向把自己看清楚一些。以前我没有想过自己是一个什么样的人，哪方面有问题需要改变和提升，现在我就能理得很清楚了，并且学会了很多的方法来调整自己的一些状态。我觉得这 20 天让我从一个没有目标变成现在这样一个目标明确的状态，我感觉自己又活过来了，这种感觉特别好。

东叔：在我眼里未来的你将是一个事业成功、感情幸福的人，你可以做到，只要你愿意改变。多行动就能改变。谢谢你。好，接下来小美分享。

小美：我最有感觉的就是"芹菜测试"，因为它真的能让我在沟通上放下特别多的顾虑——我在沟通方面常常会产生一些负面的想法。通过"芹菜测试"，我能过滤掉大部分的杂念，会更有勇气去沟通一些事情。

东叔：谢谢你。广，请你分享一下感受。

广：我感觉自己这 20 天突破的地方蛮多的，但是在夸自己这方面我还是找不到方向。

东叔：你先夸身份，然后夸别人身上反射出来的自己的缺点——因为你经常自我攻击，所以你可以试着夸别人，特别是夸那些在你看来有着和你相同弱点的人，试着用这样的方式接纳自己，认可自己。

广：好的。

东叔：境，请分享你的感受。

境：我觉得这次的课程对我的作用还是蛮大的，我的问题和需要提升的点找得挺准的，包括沟通问题和信念提升。

很高兴有机会跟大家一起相处这 20 天。我从来没有以这样的方式讲过课,我原来讲课的习惯是一次性地塞很多内容,让学员慢慢消化——这样做我觉得对得起彼此的时间。这一次我改变了讲课方式,我们用 10 节课、20 天共同探索,学会了怎样准确地找到阻碍我们成长和进步的卡点,如何用简单又容易掌握的方法突破这些卡点,看到突破这些卡点以后的自己将会拥有怎样的生活。期待在不久的将来能够收到你们的好消息,相信你们都能够在不断改变、自我提升的路上成为更好的自己,拥有更加美好的生活!

感谢大家选择东叔亲密关系训练营!

后记

25年前,我在异国求学。

我一度没有好好读书,偷偷恋爱了。这段爱情持续的时间很短——因为女生比我大,当我还在读书时,她已经毕业回国了。

失恋对那时的我而言是天大的事情,我几乎有两周时间无法出门和正常进食,自然也无法去学校。糟糕的是,那时恰好是期末考试时间,没去学校意味着我错过了期末考试,错过期末考试意味着那个学期的学分我一分都没有拿到。我一度觉得这个结果不重要——大不了暑假重修这些课程。没想到不久我就收到了"退学通知书"。

我很意外,因为我平时的成绩还不错,而且留学那么多年,父母的投入很多,若拿不到学位,退学回家,我觉得无颜见父母。我拿着"退学通知书"冲向主任办公室,想弄明白是怎么回事,想看看事情该怎么挽回。

主任说校规里有"任何学生累计12个学分的课程不及格,就会被退学"这条规定,所以我收到了"退学通知书"。

我依然记得当时的情形。我一下子慌了神。我看着主任的嘴一张一合,听到窗外汽车开过的声音,我能听到他说的每一句话,但我完全无法组织语言去回复。我的指甲深深地掐入虎口,我感觉自己的心被扭了一下,然后全身被抽空了力气。

我甚至感觉自己已经开始移动脚步要离开主任的办公室了——我知道我不能放弃,但我无法控制自己。就在那一刻,记忆深处的一个标语突然在我的脑海中闪现,那个标语是:"坚持到底、排除万难。"

我是在部队大院长大的,那个标语大院里随处可见,几乎充当了我大多数童年记忆的背景。一直以来它只是背景，直到那一刻，它给了我力量，让我有足够的力量停下脚步，转身，镇定地问出"校规在哪里？请给我看看"这句话。我没有想到的是，这句话改变了之后的一切。

校规上确实写着"任何学生在下学期开学前累计 12 个学分的课程不及格，会被开除学籍"。我指着"下学期开学前"这个条件，说："我可以暑假重修这些课程。"主任不相信我的话，因为学校的学分是平均制，即 12 个学分的课程不及格要 12 个接近满分的学分课程才能平均成 12 个及格分。而学习 12 个学分的课程，意味着整个暑假我必须每天早上 8 点开始连续上课，直到晚上 10 点，平均每小时的课程还对应了 3 小时的作业——这根本是来不及也完不成的任务。

我看着主任的眼睛，坚定地说："我可以，我是中国人。"

两个月后，我顺利拿到 12 个学分。

我记得当时主任激动地握着我的手，说："我们学校大约有 40000 名学生，每年我都会让 2000 名左右不符合校规要求的学生离开这所学校，你是第一个回来的。"

之后我顺利地毕业，顺利回国。

当时突破那个难点对我很重要，它不仅帮助我拿到了学位，而且还奠定了我之后的一切。

我的第一份工作是汇丰银行的柜员，他们要求我有流利的英语听说读写能力和过硬的学历。

我的第二份工作是某大学继续教育学院的心理学讲师，他们要求我有过硬的学历。

我的第三份工作是汇丰银行的讲师，他们要求我有过硬的学历。

我的第四份工作是汇丰银行讲师的培训师，他们要求我有过硬的学历。

……

我还是神经语言程序学（Neuro-linguistic Programming，NLP）课程讲师，催眠师，中国心理学会心理学普及工作委员会心理科学传播讲师，全国职业人才认证管理中心"中级心理咨询师"培训师。

我持有中国国家二级心理咨询师的执照已经超过 19 年,而中国二级心理咨询师是 20 年前才开放考试的。

如果当年没有突破那 12 学分的考试,以及情感和财富的叠加困难,这一切都不会发生,这一切也根本无法开始。

我很幸运。我能突破考试、情感、学业的卡点,靠的是从小在部队大院长大,在父母的言传身教和耳濡目染中获得的信念。这种源自军人的"坚持到底、排除万难"的信念不但在那个时间点帮助我突破了难点,还让我终身受益,以至于我一直都觉得,不管遇到什么困难,只要有信念,我就能够战胜它。

我现在主要做心理学方面的工作。心理学工作分两类,一类是帮助有心理问题的人恢复心理健康,叫心理咨询。另一类是帮助普通人变得内心更加强大,叫心理教练。我教出来的团队是教练团队,他们致力于提升人的信念。

提升人的信念有什么用呢?

举几个例子吧。

请问是先有了钱,然后才会对财富有自信呢?还是先有了自信,才会变得有钱呢?大多数人会觉得没钱哪来的底气,有了钱才会对财富有自信。事实却并非如此。

假如你面前有两个人,一个是穷人,一个是富人。富人经历了某些事件一夜之间变穷了。所以,现在你面前是两个穷人。只不过一个是一直贫穷,一个是曾经富有。假设这个曾经富有的穷人,遇到另外一个富有的人,他们会怎样对话呢?我认为,他们的对话是相对平等的。比如,"我之前在哪里也有过投资……"又比如,"我觉得最近金融市场的走势是……"还有可能是"有没有关系可以介绍一下,我只需要……"

如果这个曾经富有的人跟另外一个富有的人沟通了一整天,那么他就会靠近财富一小步,哪怕是非常小的一步,那也是向前的一小步。

假设那个一直贫穷的人遇到另外一个富有的人,他们会怎样对话呢?我认为,他们的对话是相对有距离的。比如说"我是穷人,你是有钱人,你只是想骗我的钱……"又比如说"听说有钱人最坏了……"还可能是"你们这种有钱人,就是看不起我们穷人……"这个穷人以这样的心态和沟通方式度过一天,那么他就会离开财富一小步,这后退的步伐哪怕很小,那也是在后退。

一个进,一个退,一天一小步,一百天就是很大的差距了。我的团队曾经在网上做过一个时间段的背景调查,我们搜索了20名中过500万大奖的人,这些人来自不同的国家。我们发现他们当中有高达81%的人在5年后生活又变成他们中奖前的样子。我们认为,因为他们认为自己是个穷人,所以他们的生活会逐渐变成自己认为的样子。

穷人和曾经的富人起跑线完全一样,唯一不同的是自信,但结果却是一穷一富。所以,是先有了自信,才会变得有钱。

请问是先有了颜值,然后才会对魅力有自信呢？还是先有了自信,然后才会变得有魅力呢？

一个从小被人夸漂亮的女孩,会对自己的外貌很自信,并且自然而然地去学习美妆、美容、护肤和服饰搭配,会非常主动地向别人展示自己最美好的一面,且越来越得心应手。哪怕她已经年老了,她的优雅,她的风度,她的气质,还是会让她成为别人眼中充满魅力的人。

一个从小被人说丑的女孩,一旦她真心相信自己长得丑,她就会对自己的外貌很不自信。再好的容颜、再好的身段,也会被不好的搭配和妆容、不优雅的言行和举止所掩盖。她就像周星驰电影里故意扮丑的女星一样,让人根本意识不到这个人可以那么风华绝代。这两个女孩可能颜值相当,但一个会越来越美,一个却会越来越丑,仅仅因为一个对自己容貌一直自信,另一个恰恰相反。所以,是先有了自信,才会变得有魅力。

请问是先有了人脉关系,然后才会对人脉自信呢？还是先有了自信,然后才会变得更有人脉呢？

一个对沟通很自信的人,到了一个陌生的城市,也可以很快交到很多朋友。一个对沟通不自信的人,往往没有多少朋友。所以,是先有了自信,才会变得更有人脉关系。

健康也是一样,相信自己是健康的,就会交很多健康向上的朋友,聊天的内容是"我今天跑了 10 公里""我今天跑了 15 公里"。认为自己是病态的,就会交很多病态的朋友,聊天的内容是"我不舒服,现在走 15 分钟就累""我走 10 分钟就累"。同样的身体,今天挑战 10 公里,明天挑战更多,自然越来越好。如果是今天走 15 分钟累了,明天走 10 分钟就不再迈步了,身体自然越来越差。所以,是先有了自信,才会变得更加健康。

人脉、健康、魅力和财富,都是先有自信才能得到。当然,并不是你自信了,下一秒我就有钱了,变美了,而是你自信了之后,在未来的一段时间内你会发生潜移默化的改变,你的一言一行、收获的一点一滴,都小步但坚定地向自己信念中的"人设"靠近,然后不知不觉中,你就改变了,你就拥有了,你就梦想成真了。

继续举例子。

假设你的面前有道时光门,打开它以后你可以穿越到你小时候。假设你穿越到你小学二年级的时候,你拥有现在所有的记忆、成年人的心智、小学二年级的身体,你是不是可以轻松地完成二年级的所有功课,让所有人对你刮目相看?让老师喜欢你,让同学羡慕你?

相信绝大多数人都会给我一个肯定回答。毕竟小学二年级的功课太简单了。可是,翻开记忆的画卷,你会发现小学二年级课本在你的记忆中是模糊的,你并不记得当时学了什么内容,不记得当时看过的书本、做过的题目,简言之,你并不记得小学二年级时自己到底学了什么,你只是单纯地坚定地相信自己能学好小学二年级的功课。因为你不记得自己学了什么,所以穿越后的你还是要重新学一遍小学二年级的课程的,只不过这一次因为你意气风发,自信满满,因而可以学得很快,学得很好。你的成绩不是一穿越就很好,你是要重新学习的。老师不是从你一穿越就开始喜欢你的,你依然要重新争取的。同学对你的羡慕也不是一上来就有的,你依然要去表现和沟通的。但是,你一定可以做到,并且轻而易举,因为你已经有足够的自信。穿越到小学二年级后,带回去的是你的自信,而你只要拥有这个自信,一切就会变得轻而易举。你还是要重新去学习,去沟通,但一切会发生得很快,发生得很好,一切会得到的轻而易举。

我没有办法帮你穿越到小学二年级。但我可以把未来成功的你所应该拥有的自信，拉到现在给你。我可以把现在的你变得更加自信，而一旦你变得自信了，面前的一切困难，就会像小学二年级的课本一样，变得轻而易举。

你还是需要去重新学习和沟通，但你会充满动力。极大地提高自信，这就是"自我信念提升"。

我的团队叫 SCD 教练，SCD 是英文 Self Consciousness Development 的缩写，它的意思就是"自我信念提升"。

我们会帮助你和你所爱的人，变得阳光、上进，变得更加精彩。

我们愿意帮助所有想要改变的人，变成更好的自己。

舒东
2024 年 2 月

东叔只有3分钟

致谢

我要真挚地感谢我的好友王璐女士在本书出版过程中所给予的信任与支持。我想借此表达我深深的感激之情。我们相识于1998年,自那时起,她就一直是我人生旅途中的重要伙伴和知己。20多年来,无论是在学习、工作上,还是在生活中,她都给予了我无私的支持和帮助。

她的多方面帮助令我有信心去追求自己的梦想,克服重重困难。在我面临困境时,她总是能在关键时刻给予宝贵的建议,让我更加坚定地走自己的路。

本书的出版是我们友谊的见证,也是我们共同成长的印记。我深知,没有她的这份支持和信任,我可能无法在短时间里完成心中所想。在此,我要向她表达我最真挚的谢意。愿我们的友谊长存,愿我们的友谊能谱写出更多美好的篇章。

舒东

2024年2月